어린이 동양철학 1

공자
가라
사대

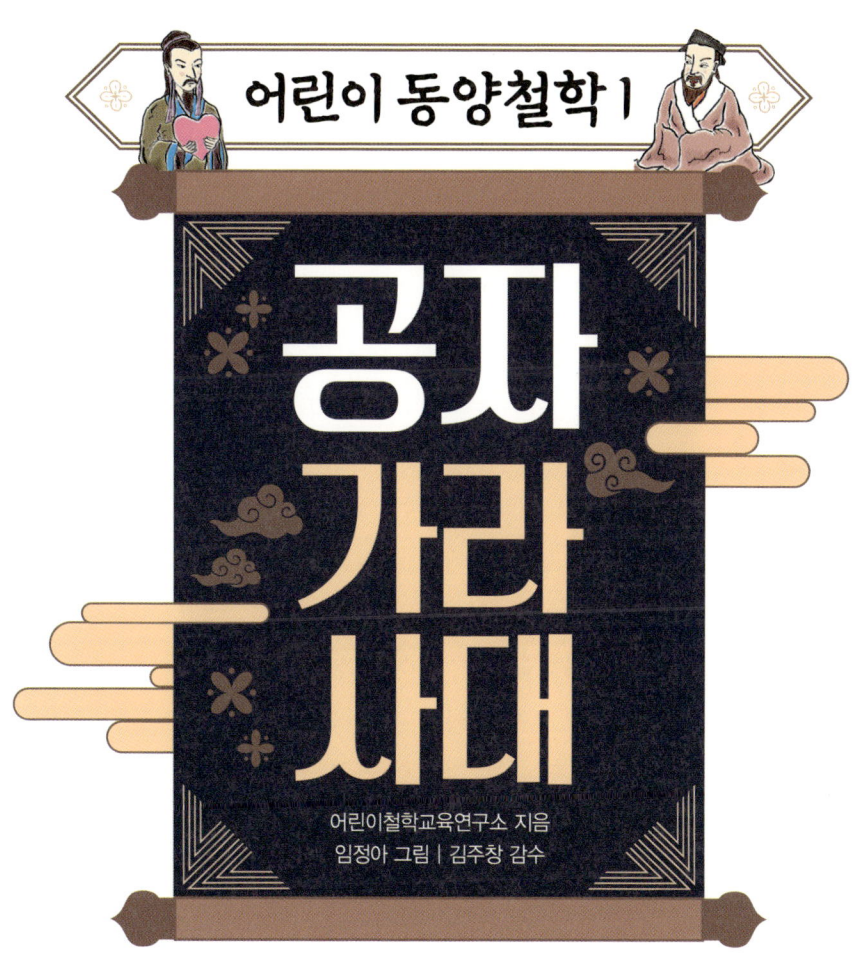

어린이 동양철학 1

공자 가라사대

어린이철학교육연구소 지음
임정아 그림 | 김주창 감수

해냄

머 | 리 | 말

우리 조상들은 외세를 어떻게 이겨냈을까?

　우리들은 아득한 옛날부터 조상 대대로 아시아 대륙 동쪽 끝자락인 한반도를 토대로 중국 대륙과 접하며 살아왔습니다. 만주나 몽고 지역에 살았던 숱한 민족들(거란족, 돌궐족, 여진족, 홍건족 등)은 모두가 중국에 흡수되어 사라지고 말았는데, 크지 않은 영토와 인구를 가진 우리 민족이 굳세게 살아오고 있는 이유는 무엇일까요?

　우리 조상들은 옛날부터 인도와 중국으로부터 아시아 대륙의 정신문명을 받아들여 우리 것으로 삼는 데에 게을리하지 않았습니다. 인도의 불교 사상과 중국의 철학을 받아들여서 나라를 발전시키고 국민들의 정신을 높여서 지혜를 키우는 데 힘썼습니다. 아득한 삼국 시대부터 전래된 중국 사상은 고려와 조선 시대를 거치며 퇴계나 율곡 등에 이르러서는 거의 우리의 사상이라고 불러도 될 만큼 발전시켰습니다. 이는 우리 조상들이 무엇보다 사상을 중요하게 여기고 열심히 연구하여 이를 여러모로 활용하였다는 것을 보여줍니다.

　지금은 글로벌 세계화 시대입니다. 전 세계가 문을 열어 놓고 무한 경쟁을 벌이는 때이지요. 특히 우리와 가장 가까운 거리에 위치한 일본과 중국이 가장 무서운 경쟁 상대라고 합니다. 이 두 나라는 아득한 옛날부터 우리의 운명에 적지 않은 그늘을 던지기도 하였는데 지금에 와서도 달라진 것이 없다니 놀라울 뿐입니다.

　그렇다면 예전 우리 조상들이 중국과 일본으로부터 숱한 침략을 받으면서도 나라를 굳게 지키면서 빛나는 문화를 창조한 진정한 힘의 정체는 어디에 있을까요? 그것은 바로 아득한 옛날부터 고유한 우리 민족의 사상을 바탕으로 인도나 중국의 외국 사상을 받아들여 스스로를 일깨우며 지혜를 연마했기 때문이 아닐까요? 불교와 유교가 인도와 중국에서 들어왔지만 우리 조상들은 이를 우리의 불교와 유교라 할 만큼 새로운 사상으로 다듬었고, 그 정신력과 지혜로 나라를 지키고 어엿한 문화를 만든 것입니다.

　그렇다면 세계 최강인 중국·일본과 경쟁하는 우리가 지금에 와서도 왜 동양 사상을 제대로 알고 소화해야 하는지 이해가 될 것입니다.

　이 책은 옛날부터 지금까지 동양 전체에 큰 영향을 미치고 있는 고대 중국 사상의 핵심적 내용과 중요한 줄거리를 어린이들이 즐겨 읽을 수 있도록 이야기 형식으로 써 놓았습니다. 필자들은 김주창 선생과 동양 철학을 함께 공부한 것을 토대로 토론과 심사숙고를 통해 붙잡은 가닥을 중심으로 글을 써 나가면서 조상들의 숨결과 한숨, 그리고 외침을 느낄 수 있었음을 밝힙니다. 철학 사상의 중요성을 알고 성원을 아끼지 않는 해냄출판사에 깊은 감사를 드립니다.

어린이철학교육연구소 소장
박민규

차 | 례

1. 인류의 큰 스승, 공자

공자의 어린 시절 · 10

인류의 사랑과 평화를 이루려면 · 29

예절은 왜 필요할까요? · 44

2. 우물에 빠지려는 아이와 맹자

사람의 마음씨는 착할까요, 악할까요? · 58

나라는 어떻게 다스려야 할까요? · 72

3. 초상집에서 노래하는 장자

자연의 법칙에 따르는 생활 · 86

쓸모없어서 살아남은 나무 · 106

4. 숲 속으로 돌아간 노자

부드러운 물이 바위를 뚫는다 · 116

노자가 사랑하는 세 가지 보물 · 126

5. 털 한 올도 뽑지 않는 양주

세상에서 가장 소중한 나 · 138

6. 따지기 좋아하는 명가

혜시와 공손룡 · 154

1. 인류의 큰 스승, 공자

노나라의 공자(B.C.551~B.C.479)는 평민 집안에서 태어나 세 살 때 아버지를 여의고 어려서는 어머니 안징재의 가르침을 받았습니다. 공자의 유교 철학은 동아시아 전 문명권에 커다란 영향을 끼쳤으며, 제자들이 그의 말씀과 글을 바탕으로 하여 쓴 『논어』에는 '인간이 되기 위한 학문'에 힘쓴 공자의 정신이 그대로 녹아 있습니다.

공자의 어린 시절

동민이의 비밀

"나리야, 저기 좀 봐."

수학 시간에 노마가 나리의 옆구리를 찌르며 턱짓으로 동민이를 가리켰다.

"어디?"

"아이 참, 동민이 말이야."

자꾸만 엉뚱한 곳을 두리번대는 나리가 답답했던지 노마는 아예 나리의 고개를 동민이 쪽으로 돌려 세웠다.

"쟤는 밤을 새워 공부하나? 요즘 걸핏하면 저러고 존다니까."

나리는 웃음이 터지려는 걸 애써 참았다. 꾸벅꾸벅 졸고 있는 동민이의 모습은 정말 가관이었다. 잔뜩 숙인 고개가 금방이라도 책상에 코방아를 찧을 듯이 보였다.

그때 마침 쉬는 시간을 알리는 종소리가 울렸다. 나리는 살그머니 동민이에게 다가가 '야!' 하고 소리치며 동민이의 등을 와락 떠밀었다.

"뭐, 뭐야?"

동민이는 화들짝 놀라서 벌떡 일어나며 소리쳤다.

"나다. 놀랐지?"

나리가 등 뒤에서 빙긋이 웃으며 말했다.

"놀라서 간 떨어질 뻔했잖아."

동민이는 가슴을 쓸어내리며 한숨을 내쉬었다.

"근데, 년 밤에 뭘 하느라 안 자고 만날 학교에 와서 꾸벅꾸벅 조는 거야?"

노마의 말에 동민이는 천연덕스럽게 둘러대며 넉살을 부렸다.

"졸긴…… 공자님 만나고 왔는걸."

"치, 공자님은 무슨? 입 가에 침이나 닦아라."

"정말이야. 공자님이 구름 위에 떡하니 앉아 계셨어. 막 이야기를 하려

는 참인데, 나리 네가 깨웠잖아."

동민이는 나리에게 살짝 눈을 흘기며 말했다.

"아이구, 그랬어? 정말 미안하구나."

나리는 동민이의 능청스러운 거짓말에 짐짓 장단을 맞추어 주었다. 그러자 동민이는 한술 더 떠서 말했다.

"모처럼 공자님을 만나 귀한 말씀을 내 두 귀로 직접 듣고 싶었는데, 정말 좋은 기회를 너 때문에 다 망쳤지 뭐야."

그런데 못내 아쉬워하는 동민이를 보자 나리는 그만 귀가 솔깃했다.

"동민아, 어떻게 하면 공자님을 만날 수 있니? 나도 한번 만나 보고 싶은데."

"음, 이건 비밀인데 말이야. 잠을 잘 때 눈을 감고 공자님의 얼굴을 마음속에 그리면서 열까지 세면 돼."

동민이는 정말 비밀스러운 이야기라도 되는 듯이 주위를 살피며 목소리를 낮추었다.

"그냥 열까지 세기만 하면 된다는 말이지?"

노마도 마음이 끌리는지 동민이에게 다시 한 번 확인을 했다.
그날 밤, 노마는 동민이의 얘기가 떠올라 쉽게 잠을 이루지 못했다.
'속은 셈 치고 한번 해 볼까? 하긴 밑져야 본전이니까 뭐.'
노마는 결심한 듯 눈을 꼭 감고 천천히 숫자를 세어 나갔다.
"하나, 둘, 셋…… 열."

인자하신 공자 할아버지

"어, 여기가 어디지?"
노마는 어리둥절하여 사방을 두리번거렸다.
'혹시 동민이 말대로 공자님이 사는 시대로 온 건가?'
주위의 낯선 풍경에 노마는 조금 겁이 났다.
"노마야!"
그때 저쪽에서 나리가 손을 흔들며 뛰어왔다.
"나리야!"
두 아이는 너무나 반가워 두 손을 마주 잡았다.
"동민이의 말이 딱 들어맞았어. 여기가 바로 공자님이 사시는 곳인가 봐. 와! 신난다."
나리는 팔짝팔짝 뛰며 기뻐했다.
"이럴 게 아니라 어서 공자님을 찾아보자."
노마는 지나가는 사람들을 붙잡고 공자가 사는 곳을 물어보았다.
그런데 사람들은 하나같이 뭔가에 쫓기는 듯한 표정으로 아이들을 흘긋 쳐다볼 뿐 대꾸도 하지 않았다.
"전쟁이 났대요! 어서 짐을 꾸려 여길 떠나야 해요!"
그때 한 젊은이가 헐레벌떡 뛰어오며 사람들에게 소리쳤다.
"기어코 일이 터지고야 말았구먼. 임금이 신하의 손에 목숨을 잃지 않나, 나라 간에 허구한 날 싸움질을 일삼지 않나! 쯧쯧, 세상이 어찌 되려고 이러는지 원!"
웅성거리던 사람들은 허둥지둥 각자의 집으로 흩어졌다.
얼마 뒤 화려한 관복을 입은 사람들이 몰려왔다.
"애들아, 여기 있던 사람들 못 보았니?"
"피난 간다고 하던데요."
"피난? 아니, 밀린 세금을 한푼도 안 내고 도망을 가? 이런 파렴치한 놈들! 여보게들, 어서 쫓아가서 세금을 걷어 오세."
관복을 입은 사람들은 씩씩거리며 서둘러 마을로 사라졌다.
"아까 마을 사람들을 보니까 무척 가난해 보이던데, 세금을 많이 걷어 가나 봐."
"아휴, 나는 공자님이 사신다기에 신선이 사는 곳처럼 조용하고 평화로운 곳인 줄 알았는데……."
노마가 안타까운 얼굴로 한숨을 푹 쉬더니 나리를 재촉했다.
"무슨 일 나기 전에 어서 공자님이나 찾아보자."
그때 마침 저쪽에서 손에 거문고를 든 한 노인이 걸어오고 있었다. 두 아이는 노인에게 다가가 말을 걸었다.
"저 할아버지, 혹시 공자님 댁이 어딘지 아세요?"

"공자라? 공자라면 오십 년도 훨씬 넘은 옛날에 함께 거문고를 배웠던 적이 있지."

노인은 길을 가르쳐 줄 생각은 않고 옛날 생각에 두 눈이 가물가물해졌다.

"오십 년 전? 그럼 그때는 공자님이 아주 젊으셨겠네요? 젊은 시절의 공자님은 어떤 모습이었는지 말씀해 주세요."

나리의 두 눈이 호기심으로 반짝 빛났다.

"흠, 어린 나이인데도 공자는 눈빛이 아주 맑고 생각이 깊었단다. 한번은 거문고를 한 곡 배웠는데, 열흘이 지나도록 거문고를 연주할 생각은 않고 멍하니 보고만 있지 뭐냐?"

"그래서요?"

"그래서 왜 연습을 안 하느냐고 물어봤지. 그런데 공자는 맹랑하게도 그 곡은 벌써 다 익혔다고 하지 않겠니? 알고 보니, 공자는 그 곡을 연주하는 것만으로는 성이 차지 않았던 거란다. 그 곡에 담긴 뜻을 알고 싶어서 며칠이고 고민을 했던 거지."

"그래서 곡에 담긴 뜻을 알아냈나요?"

"물론이지. 선생님도 감탄할 정도로 정확하게 짚어 내더구나."
"역시……."
나리는 놀랍다는 얼굴로 고개를 끄덕였다.
"그래. 공자는 어려서부터 음악 한 가지를 배우더라도 무엇이고 그냥 지나치는 법이 없었단다. 배움에 대한 공자의 노력은 무척이나 진지하고 뜨거웠지."
노인은 다시금 옛 기억을 더듬는 눈치였다.
"참, 할아버지, 공자님 댁이 어디예요?"
노마가 깜빡 잊고 있었다는 듯 다시 물었다.
"아이구, 내 정신 좀 봐. 저기 솟을대문 보이지? 바로 저기란다."
노인은 멋쩍은 표정으로 말을 마치자마자 종종걸음을 놓았다.

공자님은 어떻게 공부하셨나요?

노마와 나리는 솟을대문을 향해 걸어갔다.
"여보세요. 아무도 안 계세요?"
노마가 주먹으로 대문을 쾅쾅 두드렸다.
"누구를 찾아오셨습니까?"
공자의 제자인 듯한 젊은이가 문을 열고는 공손하게 물었다.
"공자님을 뵈려고 왔는데요."
그 젊은이는 노마와 나리를 조용한 집 안으로 안내했다. 깨끗하게 정돈된 집 안이 한눈에 들어왔다. 마루에는 머리카락이 하얗고 선비

다운 풍모가 엿보이는 노인이 눈을 감고 앉아 있었다.

'저분이 공자님이시구나.'

노마는 가슴이 두근거렸다.

"스승님, 여기 이 아이들이 스승님을 만나 뵈려고 찾아왔습니다."

"그래? 어서 올라오라고 해라."

공자가 눈을 뜨고 말했다. 얼굴에는 따뜻하고 자상한 미소가 넘치고 있었다.

"절 받으세요."

노마와 나리는 공손하게 큰절을 올렸다. 그리고 각자 자기소개를 간단하게 했다. 노마는 혹시 공자가 귀찮아하면 어쩌나 하고 은근히 걱정이 되었다. 그래서 조심스럽게 말을 꺼냈다.
"공자님 말씀은 많이 들었어요. 아주아주 학문을 사랑하시고 좋은 말씀도 많이 남기시고……."
"허허, 제대로 학교도 다니지 못한 사람에게 지나친 칭찬이구나."
"네? 학교도 안 다니셨다고요?"
"그래. 집이 너무 가난해서 학교 다닐 형편이 못 되었단다."
노마와 나리는 믿기지 않는다는 얼굴로 마주 보았다.
"그런데 어떻게 그처럼 높은 지식을 쌓으실 수가 있었나요?"
"꼭 학교를 다녀야만 지식을 얻는 건 아니란다."
"학교에 안 다니고도 국어, 수학, 과학, 사회 등등 이렇게 많은 걸 배울 수가 있나요?"
그러자 공자는 껄껄 웃었다. 꼬치꼬치 물고 늘어지는 나리가 귀여운 모양이었다.
"물론 학교에 다니면서 그런 것들을 배우는 것도 좋겠지. 하지만 진짜 공부란 먼저 자신의 몸과 마음을 닦아서 가정과 사회, 나아가 인류의 평화와 번영을 위해 보탬이 될 수 있도록 하는 것이 아니겠느냐?"
"몸과 마음을 닦는다고 하니까 꼭 도를 닦는 신선 같아요."
"도를 닦는 것은 신선들만 하는 것이 아니라 우리 모두가 해야 할 꼭 필요한 공부란다. 너희들은 지금 이곳이 어떤 어려움에 빠져 있는지 알고 있니?"
"네. 오다가 보니 사람들이 불안하게 우왕좌왕하는 모습이 곧 무슨 일이 터질 것만 같았어요."

"그래. 어지러운 세상이란다. 어제의 친구가 오늘의 적이 되고, 신하가 임금을 해치고, 서로를 믿지 못하는 어수선한 이런 곳에 무엇이 필요하겠니? 국어? 수학?"

"아니오."

"바로 각자의 마음부터 깨끗이 하고 덕을 쌓는 것이 무엇보다도 필요하단다. 그런 믿음이 있기 때문에 나는 여태까지 그런 공부를 위해 힘써 온 것이란다."

"학교는 안 다니셨지만 그래도 이런 생각을 하게 도와주신 특별한 선생님이 계셨겠지요?"

노마의 말에 공자는 조용히 고개를 저었다.

"아니. 특별한 스승은 없었단다."

"하긴 공자님의 스승이 될 만한 분이 어디 있겠어요?"

노마의 말에 공자는 슬며시 웃으며 말했다.

"노마야, 내 말은 그런 뜻이 아니란다. 훌륭한 분을 스승으로 모시면 물론 많은 것을 배울 수가 있지. 하지만 아무리 보잘것없는 사람이라 할지라도 그 사람에게 배울 점은 한 가지라도 있단다. 그렇기 때문에 나는 누구를 만나더라도 그 사람이 가진 지혜와 덕을 배우려고 노력했지. 모든 사람이 나의 스승이라고 생각하니 나에게 특별한 스승이 없다고 할 수밖에."

"그런데 공자님. 특별히 선생님도 안 계시고 학교도 안 다니셨다면, 공부하시는 데 어려움은 없으셨나요?"

"나에게는 스승도 학교도 없었지만 옛날 어른들이 하신 말씀을 적어 놓은 책이 있었단다."
"옛날 책은 너무 따분하잖아요."
노마는 곰팡내 나는 책들을 떠올리며 이맛살을 찌푸렸다.
"어허, 사람들은 흔히 옛날 사람이 쓴 책은 고리타분하다고 읽어 보지도 않고 덮어 버리기 일쑤지. 하지만 옛날이 없이 어떻게 오늘이 있을 수 있겠니?"
"아니, 그러니까 제 말은……."
노마는 더듬거리며 말을 제대로 잇지 못했다.
"옛날 어른들의 생각을 경건한 마음으로 받아들이면 그 속에서 아주 많은 진리를 발견하게 되지. 너희들도 한번 찬찬히 들여다보렴."

결코 고리타분하고 지루하지만은 않단다."

"저희 할아버지도 그런 말씀을 하셨어요. 옛것을 알아야 오늘을 알 수 있다고요."

공자는 잠시 눈을 감고 무언가 골똘히 생각하는 눈치였다. 공자가 입을 열기를 한참 동안 기다리다 지루해진 노마와 나리는 슬그머니 자리에서 일어났다.

그러고는 신기해서 집 안 곳곳을 돌아보았다. 방과 마루, 부엌이며 마당을 보니 요즘 우리가 사는 곳과 특별히 다를 게 없었다. 살림은 무척 검소했고 깔끔하게 정돈되어 있었다.

방마다 많은 제자들이 공자의 가르침에 따라 공부하고 있었다.

"노마야, 저기 저 사람도 제자인가 봐."

나리가 마침 지나가던 한 젊은이를 보고 물었다.

"저분은 공자님 아드님이에요."

그때 한 젊은 제자가 살짝 귀띔을 해 주었다.

"공자님도 결혼을 하셨어요?"

전혀 생각지도 못했던 일이라 노마는 명상에 잠겨 있는 공자에게 큰 소리로 물어보았다.

"그게 뭐 이상한 일이냐?"

그러자 공자는 너털웃음을 터뜨리며 물었다.

"유명한 사람, 아니 좀 특별한 분들은 결혼을 안 하거나, 결혼을 했어도 도를 닦기 위해 가정을 버리는 것을 많이 봤거든요."

노마가 고개를 갸웃거렸다.

"글쎄다. 그런 분들도 물론 생각하는 바가 있어서 그러셨겠지. 하지만 나는 가정을 중요하게 생각한단다. 가정도 제대로 지키지 못하는 사람이 어떻게 큰일을 할 수 있겠니? 먼저 자신을 다스리고 그 다음에 가정을 잘 돌보아야 나라를 다스리고 온 세상을 다스릴 수가 있는 거란다."

"맞아요. 가정은 중요해요. 사람들은 처음에 어머니나 아버지한테서 많은 것을 배우니까요."

나리의 말에 이어 노마가 공자에게 말했다.

"저희는 공자님 하면 꼭 신선처럼 구름 위에서 사시는 줄 알았어요. 생각하시는 것도 보통 사람들과는 전혀 다른 줄 알았어요."

"허허. 너희와 마찬가지로 나도 평범한 인간이란다. 세상의 모든 이치를 쉽사리 꿰뚫어 보는 천재도 성인도 아니지. 다만 옛것을 좋아하여 있는 힘을 다해 열심히 그것들을 공부한 것밖에는 없단다."

껄껄 웃는 공자의 모습은 마치 이웃집 할아버지처럼 친근하게 느껴졌다.

"참, 공자님은 일생 동안 많은 공부를 하셨는데, 공부를 하면 할수록 발전한다는 것을 느끼신 적이 있으세요?"

나리의 관심은 아무래도 공부에 있는 모양이었다.

"저희는 초등학교를 졸업하고 중학교, 고등학교, 대학교로 올라가면 점점 더 높은 수준의 공부를 할 거라고 생각하거든요."

노마가 의기양양하게 말했다.

"그럼 대학교를 마치고 나면 어떻게 하지?"

"그냥, 뭐…… 취직이나 하는 거죠."

노마는 갑자기 말꼬리를 흐렸다. 공자는 그런 노마에게 더 이상 묻지 않았다. 노마의 대답을 이미 다 알고 있다는 듯이.

"나는 열다섯 살에 공부에 뜻을 두었단다."

공자는 차분한 목소리로 말을 꺼냈다.

"좀 늦으셨군요. 저희들은 보통 여덟 살이면 학교에 들어가는데."

"그래. 하지만 얼마나 일찍 공부를 시작하느냐가 중요한 게 아니라 얼마나 오래 공부를 계속하느냐가 더 중요하단다."

노마는 겸연쩍은 듯 머리를 긁적였다.

"내 나이 삼십이 되어서야 비로소 공부의 기초를 다질 수 있었지. 사십이 되자 다른 사람들이 유혹하는 말에 쉽게 넘어가지 않게 되었지."

평소 귀가 얇다는 소리를 많이 듣는 나리는 이 말에 솔깃했다.

"그리고 오십에는 하늘로부터 받은 사명이 무엇인지를 깨닫게 되었단다."

"하늘로부터 받은 사명이요?"

"그래. 모든 사람들은 하늘로부터 받은 사명이 있지. 하지만 그걸 깨닫기 위해서는 그만한 인격을 갖추어야 돼. 그러니 무엇보다도 덕을 쌓는 것이 중요할 수밖에 없단다."

"그리고 육십에는요?"

"육십이 되어서는 누구의 말에도 화를 내지 않고 순순히 받아들일 수 있게 되었지. 그리고 이제 내 나이 칠십인데, 지금은 내 뜻대로 행동해도 결코 도에 어긋나지 않게 되었단다."

노마는 공자의 말씀을 들으며 공자가 결코 어느 날 갑자기 성인이 된 것이 아니라는 것을 알았다. 오랜 세월 몸과 마음을 닦고 공부하면서 점차 훌륭한 인격을 갖추게 되었다고 생각하니 새삼 존경심이 솟구쳐 올랐다.

혼란에 빠진 동민이

다음 날 아침, 교실에 들어서기가 무섭게 노마는 나리의 책상으로 달려갔다.

"어젠 어떻게 된 거니?"

"글쎄, 나도 잘 모르겠어. 엄마가 지각하겠다고 깨우는 바람에 공자님께 인사도 못 드렸지 뭐니."

"나도 그랬어."

노마와 나리는 아쉬운 듯 서로를 바라보았다.

"너희들, 공자님 만났니?"

언제 왔는지 동민이가 장난기 어린 웃음을 지으며 서 있었다.
"응. 동민아, 너 혹시 마법사 아니니?"
나리가 놀랍다는 듯 동민이를 쳐다보았다.
"어제 한 말은 너희들 골려 주려고 농담한 거였어. 그걸 진짜로 믿었니?"
"아무튼 어제는 정말 즐거웠어. 그게 다 동민이 네 덕분이야."
동민이는 나리가 고맙다고 인사를 하자 오히려 어리둥절해졌다.
"정말 공자님을 만난 거야? 무슨 이야길 했는데?"
"여러 가지. 역시 공자님은 인류의 큰 스승이시더라. 우리와는 달리 학교에 다니시지도 않았고 선생님도 없었지만 끊임없는 배움을 통해 어지러운 세상을 구하려는 높은 뜻을 세우셨고, 또 사람이 살아가야 할 올바른 길을 가르쳐 주셨거든."
나리가 자랑스럽게 늘어놓았다.
"공자님은 무척 친절하고 사상하셨어. 꼭 이웃집 할아버지 같았다니까."
노마가 우쭐대며 덧붙였다. 동민이는 정말 뭐가 뭔지 모르겠다는 듯 얼떨떨한 표정으로 친구들을 쳐다보았다.
'내가 가르쳐 준 주문이 정말 통했단 말이야?'
동민이는 혼자 중얼거렸다.
'그럼 나도 한번 해 볼까? 하나, 둘, 셋……'

4월 20일 금요일 날씨: 비

　어젯밤에는 정말로 신기한 일을 경험했다. 꿈속에서 공자님을 만난 것이다. 공자님은 아주 친절하게 나리와 나를 맞아 주셨다. 공자님을 실제로 만나다니!

　솔직히 예전에는 선생님께서 공자님이 남긴 말씀에 대해 이야기해 주실 때마다 도대체 저런 따분한 말을 왜 남겼을까 생각한 건 사실이다. 하지만 어젯밤에 공자님께서 직접 해 주시는 말씀을 들으니 귀에 쏙쏙 들어왔다.

　그동안 나는 대학교만 잘 들어가서 졸업하고 취직하면 공부는 끝나는 거라고 생각했다. 하지만 공자님은 배움에는 끝이 없으며 아무리 보잘것없는 사람이라 할지라도 그 사람에게서 배울 점이 한 가지라도 있다고 말씀해 주셨다. 그리고 몸과 마음을 닦는 것이 진정한 공부라고 하셨다.

　세상에 국어, 영어, 수학, 과학만 공부하는 것이 공부가 아니라니! 공부에 대해 뭔가 새로운 것을 배운 것 같다. 사실 공자님의 말씀을 다 이해할 수는 없었다. 몸과 마음을 어떻게 닦아야 한다는 건지 잘 모르겠다. 하지만 거문고를 배울 때 무조건 곡조만 연습하지 않고 곡에 담긴 뜻이 무엇일까를 열심히 생각해서 깨우친 공자님처럼 나도 그 말씀의 뜻을 곰곰이 생각해 봐야겠다. 그래서 진정한 공부의 뜻을 깨우치면 공부를 잘할 수 있을 것 같다.

　앗! 그리고 보니 공부 잘하는 나리는 벌써 공부의 뜻을 깨달

앉나? 하지만 공자님께서도 열다섯 살에 공부에 뜻을 두셨고 삼십이 되어서야 공부의 기초를 다지셨다고 하니, 내가 지금 시작한다고 늦은 건 아닌 것 같다.

아무튼 아주 생생한 꿈이었다. 오늘 학교에서 나리를 만나자마자 어제는 어떻게 집에 돌아갔냐고 물어볼 정도였으니까. 그러자 나리도 나랑 같은 꿈을 꾸었다고 했다. 정말 신기했다.

동민이는 자기가 농담을 한 거라며 우리를 놀렸지만, 우리는 공자님을 만난 이야기를 하며 동민이를 약올렸다. 흐흐. 동민이는 땅을 치며 안타까워했다. 다음에는 동민이와도 꼭 같이 가야겠다.

그런데 오늘밤에도 공자님을 만날 수 있을까?

공자는 어려서부터 배움에 대한 열망이 강했다고 합니다. 집이 가난하여 학교에는 다니지 못했지만, 사람들의 행동과 옛사람들이 쓴 책을 스승 삼아 끊임없이 공부했습니다. 그리고 참된 공부란, 자신의 몸과 마음을 닦아 인류의 평화와 번영에 보탬이 되도록 하는 것이라고 제자들에게 가르쳤습니다.

공자의 생애는 우리들에게 많은 것을 일깨워 줍니다. 특히 '가정'의 중요성을 강조한 부분은, 요즘처럼 식구들끼리 얼굴을 대할 기회조차 드문 우리 현실을 되돌아보게 합니다.

진정한 학문의 자세는 어떤 것인지 부모님과 함께 이야기를 나누어 봅시다.

인류의 사랑과 평화를 이루려면

우울한 노마

노마는 조금 우울한 기분으로 TV 앞에 앉아 있었다. 아빠와 엄마는 모처럼 연극을 보러 가셨고, 삼촌도 데이트를 하느라 바쁜 모양이었다. 집에는 노마와 기오 둘뿐이었다. 기오는 건성으로 TV를 보고 있는 노마가 이상하다는 듯 힐끔거렸다.

"형, 지금 뭐해?"

"보면 몰라? TV 보잖아."

"그런데 꼭 넋 나간 사람처럼 그러고 있어?"

"그냥 좀 마음이 뒤숭숭해서 그래."

"왜? 나리 누나랑 싸웠어?"

기오는 장난스럽게 웃으며 말했다.
"요게!"
노마는 까불지 말라는 듯 짐짓 눈을 부라렸다.
"실은 오늘 우리 반 재현이가 결석을 했거든. 어제 집에 가다가 골목길에서 불량배들을 만났대."
기오는 불량배라는 말에 눈이 휘둥그레져서 물었다.
"그 불량배들이 재현이를 붙들고 돈을 달라며 한참 동안 겁을 줬나 봐. 그래서 너무 무서워 오늘 학교에 못 나온 거야."
"정말 큰일 날 뻔했네. 그래도 무사히 집에 돌아와서 다행이잖아."
노마는 다시 TV로 눈길을 돌렸다. 어느새 일곱 시 저녁 뉴스가 나오고 있었다.
"경찰은 오늘 오전 인신 매매범 세 명을 붙잡았습니다. 그들은 지금까지 열 명이 넘는 사람들을 납치해 팔아넘겼다고 합니다……."
"유괴 사건이 발생했습니다. 유괴범은 초등학생을 납치하고 돈을 요구하고 있다고 합니다……."
"지금도 아프리카에는 내전이 계속되고 있습니다. 하루아침에 많은 아이들이 부모를 잃고 고아가 되었으며, 또 죄 없는 많은 사람들이 피를 흘리며 죽어 가고 있습니다……."

뉴스의 반 이상이 등골이 오싹하는 사건들뿐이었다. 소파에 앉아 TV를 보던 노마는 가슴이 답답해지며 한숨이 나왔다.

'눈만 뜨면 온통 끔찍한 사건들뿐이니, 설마 세상이 비참한 종말을 맞이하게 되는 건 아닐까?'

이런저런 생각으로 노마는 마음이 착잡했다 그러다가 점점 눈꺼풀이 내려앉으면서 TV 소리가 귓가에서 멀어져 갔다.

먼저 가족을 사랑해야

노마는 꿈속에서도 그곳이 낯설지 않다는 생각이 들었다. 찬찬히 살펴보니 공자의 집이었다.

마침 공자는 마당에 놓인 평상에 앉아 한 어른과 열띤 논쟁을 벌이고 있있다.

노마는 공자 앞으로 가서 절을 올렸다.

"안녕하세요? 공자님. 저 또 왔어요. 그런데 이분은 누구세요?"

"난 묵자라고 한단다. 넌 누구냐?"

"노마예요. 처음 뵙겠습니다."

노마는 묵자에게 깍듯이 인사를 했다.

"그래, 또 무슨 일로 왔느냐?"

공자가 정겨운 미소를 띠며 물어보았다.

"네, 뉴스를 보다가 참을 수 없어서 달려왔어요. 요즘 뉴스를 보면

온통 무서운 일투성이에요. 또 어제는 제 친구가 불량배들한테 봉변을 당했어요."

말을 하다 보니 더욱 화가 나 노마는 얼굴이 벌겋게 달아올랐다.

잠자코 듣고 있던 묵자가 쯧쯧 혀를 찼다.

노마는 다시 궁금했던 점을 두 사람에게 털어놓았다.

"사람들은 모두 평화와 사랑을 부르짖는데 왜 나쁜 일들이 끝도 없이 일어나는지 모르겠어요."

"우리도 한참 그런 얘기를 나누고 있었단다."

공자의 말에 묵자도 한마디 덧붙였다.

"왜 이 세상에는 싸움과 혼란이 끊이지 않을까, 그것을 물리치고 평화를 가져올 수는 없을까 하고 말이야."

"그럼 그 방법을 찾아내셨나요?"

노마는 반가운 나머지 저도 모르게 크게 소리쳤다.

공자가 노마를 물끄러미 쳐다보더니 입을 열었다.

"난 인류의 평화를 이루는 길은 어진 마음(仁)을 길러 널리 실천하는 거라고 믿고 있다. 어진 마음은 무엇보다도 가족을 사랑하는 것에서 시작해서 널리 사람을 사랑하는 거라고 할 수 있지."
"그러니까 사람을 사랑하는 것이 어진 마음이고, 그 출발점은 가족을 사랑하는 것이군요."
공자는 천천히 고개를 끄덕였다.
"그렇지. 그리고 가족을 사랑하는 근본은 '효제(孝悌)'에 있단다. '효'란 부모님에 대한 효성이고, '제'란 형제간의 우애를 뜻하는 거야. '효제'야말로 어진 마음을 실천하는 근본이지."
"그렇지만 '효제'를 실천하는 일이 어떻게 인류의 평화를 가져올 수 있나요?"
"어진 마음은 자신의 부모를 사랑하고 공경하는 것에서 끝나는 것이 아니야. 남의 부모 또한 내 부모를 공경하듯이 하고, 또 그 사랑이 커져서 가까운 이웃과 멀리 있는 이웃을 아끼고 사랑하게 되는 거지."

노마는 공자의 설명을 들으니 조금 알 것도 같았다.
"그러니까 가족을 사랑하는 마음이 점점 커져서 남들에게까지 이어진다는 말씀이군요."
"맞아. 이렇듯 사랑이 커져

서 내 민족을 사랑하고, 나아가 이웃 나라 사람들을 사랑하게 되니, 결국 어진 마음의 최고의 도달점은 인류를 사랑하는 것에 이르게 되지 않겠니? 그러다 보면 자연히 인류의 평화가 오게 마련이지."

"음, 공자님의 생각을 간단하게 정리해 보면 이렇게 되겠군요."

노마는 옆에 있던 붓을 들어 화선지 위에 하트를 쓱쓱 그려 나가기 시작했다. 노마가 그린 하트를 들여다보던 공자는 빙그레 미소를 지으며 수염을 쓰다듬었다.

"그런데 정말 이런 것이 가능할까요?"

노마는 가볍게 한숨을 내쉬며 공자에게 물었다.

"그게 무슨 말이냐?"

"가족을 사랑하기는 쉽지만 남을 자기 가족처럼 사랑하기는 결코 쉬운 일이 아니잖아요."

공자와 노마는 잠시 할말을 잊고 서로를 바라보았다.

오히려 가족에 대한 사랑을 떨쳐야

그때, 두 사람의 대화를 듣고 있던 묵자가 찬물을 끼얹는 듯한 말을 던졌다.

"가족에 대한 사랑을 넓혀 나가 인류의 평화를 이룬다는 것은 꿈같은 생각이에요."

공자는 당황하는 기색 없이 차분한 목소리로 반문했다.

"왜 그렇게 생각하십니까? 사랑은 가장 가까운 가족에서 출발해서 이웃과 내 나라, 다른 나라, 그리하여 결국 인류로 넓혀지는 게 아닐까요? 마치 작은 시냇물이 큰 바다를 이루는 것처럼 말이에요."
"하지만 공자님이 말씀하시는 어진 마음은 차별을 두는 사랑이고 이기적인 사랑에 불과합니다. 가장 가까운 가족에 대한 사랑과 자기 가족이 아닌 다른 사람들에 대한 사랑은 조금이라도 차별이 생길 수밖에 없기 때문이지요."
"그건 그렇지 않습니다. 자기 부모와 형제들도 사랑하지 않는 사람이 나라를 사랑하고 인류를 사랑할 수는 없지요."
"그럼 전쟁에 나간 사람이 가족에 대한 사랑을 중요하게 생각할 때 자기 몸을 바쳐 적과 싸울 수 있을까요?"
노마는 묵자의 말에 일리가 있다고 생각하여 말했다.
"저도 그건 어렵다고 생각해요. 가족만을 걱정하며 전쟁에는 소홀할지도 모르니까요."
그러자 묵자가 다시 말을 이어 나갔다.
"또 나라나 인류에 대한 사랑도 마찬가지예요. 자기 나라만을 사랑하는 사람이 어떻게 다른 나라 사람을 사랑할 수 있지요? 비록 자기 나라에는 손해가 될지라도 인류를 생각하여 양보하고 희생하는 것이 인류애가 아닐까요? 다시 말해 사회의 평화는 가족에 대한 사랑을 넓혀서 되는 것이 아니라 그것을 떨쳐 버림으로써 오는 거예요. 또 인류의 평화도 애국심을 떨쳐 버릴 때 가능하구요. 그것을 그림으로 그리면 이렇게 됩니다."
이번에는 묵자가 좀 선에 노마가 했던 것처럼 붓으로 화선지 위에 그림을 그렸다.

"글쎄, 뭔가 알 듯 말 듯하네요. 하지만 공자님이 말씀하신 '인(仁)'이 이기적인 사랑이라는 건 도무지 이해가 안 가요."

그러자 묵자가 노마를 쳐다보며 물었다.

"좋아. 다른 예를 하나 들어 보자. 너는 왜 사람들이 나쁜 짓을 저지른다고 생각하니?"

"그건 마음씨가 나쁜……."

노마가 말을 미처 끝내기도 전에 묵자는 단호하게 말했다.

"그런 사람들 중에 자기 몸과 가족은 누구보다도 사랑하는 사람들이 많아. 하지만 그만큼 남을 사랑하지는 못하지."

"그럼 모든 사랑이 이기적인 거라는 말씀이세요?"

"어떤 특별한 집단을 위하는 것은 모두 이기적인 사랑이라고 할 수 있어."

"묵자님 말씀대로라면 인류에 대한 사랑과 평화는 가족에 대한 사랑을 출발점으로 할 때에는 이룰 수 없다는 뜻이네요."

노마는 공자와 묵자의 서로 다른 견해를 놓고 어느 쪽을 따라야 좋을지 갈팡질팡했다.

"그렇지. 왜냐하면 인류에 대한 사랑은 가족에 대한 사랑과는 다르거든. 가족에 대한 사랑이나 애국심은 특별한 공동체를 범위로 하는 한정된 사랑이지만, 인류에 대한 사랑은 그런 특별한 집단이 아니지. 너무나 넓어서 한계를 지을 수가 없어."
노마는 시무룩한 얼굴로 힘없이 말했다.
"그럼 인류의 평화는 영영 이룰 수가 없겠군요."

서로서로 사랑하는 겸애

묵자는 잔뜩 풀이 죽은 노마의 어깨에 다정하게 손을 얹었다.
"그렇다고 실망할 것까진 없다. 방법은 있으니까."
"정말이에요? 그게 뭔데요?"
"바로 '겸애(兼愛)'란다. '겸애'란 '아우름', '모두'의 뜻이야. 즉, 모든 인간을 차별 없이 사랑한다는 것이지. 그래서 '상애(相愛)'라고도 한단다."
"상애는 서로서로 사랑한다는 뜻인가요?"
노마의 말에 묵자는 옳다는 듯 크게 고개를 끄덕였다.
"그래. 노마가 아주 잘 아는구나. 사람들이 사이가 멀고 가까움에 관계없이 차별 없는 사랑인 '겸애'를 실천한다면 자기의 이익만을 위해 도둑질을 하거나 남의 나라를 침략하는 일은 없을 거야. 사람들이 '겸애'를 실천하지 못하는 이유는 '겸애'의 이로움을 모르기 때문이야."

"'겸애'의 이로움이요?"
"남을 사랑하면 남도 나를 사랑한다는 것이지."
그러자 노마는 고개를 갸웃하더니 다시 질문했다.
"그럼 다른 사람의 사랑을 받기 위해 억지로 남을 사랑해야 한다는 거예요?"
"물론 그런 건 아니야. 하지만 사랑에 대한 보답은 사랑으로 오기 때문에 서로가 행복할 수 있다는 얘기란다."
"겸애는 무엇에서 출발하는데요? '인(仁)'의 출발점은 가족에 대한 사랑이었잖아요."

어느 틈에 노마와 묵자는 공자를 제쳐 놓고 둘이서만 얘기를 주고받고 있었다.
"'겸애'는 특정한 출발점이 없어. 아까도 말했듯이 인류란 가족이나 나라처럼 정해진 집단이 아니야. 그러니 모두가 서로 사랑하는

'겸애'는 특별한 출발점이 없지."

노마는 공자와 묵자를 번갈아 쳐다보며 말했다.

"듣고 보니 묵자님은 공자님의 생각과는 많이 다르시네요."

묵자가 다시 말했다.

"물론 '인'이나 '겸애' 모두가 사랑을 뜻하지만, '인'은 차별적인 사랑이고, '겸애'는 차별이 없는 사랑이라는 점에서 다르지."

"하지만 가족과 나라를 먼저 생각하지 않고 정말로 겸애를 실천할 수 있을까요?"

노마는 아무래도 이해가 안 된다는 듯 묵자를 쳐다보았다.

"부처님을 비롯한 성인들을 보렴. 그분들이 과연 자기 가족과 나라만을 생각했다면 어떻게 인류에게 차별 없는 사랑을 베풀 수 있었겠니? 차별과 이기심이 없는 '겸애'를 실천했기 때문이 아닐까?"

다음 순간, 갑자기 공자와 묵자의 대화가 끊겼다.

"……노마야, 방에 들어가서 자야지. 애가 웬 잠꼬대를 이리 심하게 하나?"

언제 오셨는지 엄마가 노마를 흔들어 깨웠기 때문이다.

어느새 밤이 깊어 식구들이 모두 돌아와 있었다.

꿈이긴 했지만 공자와 묵자를 만나 나눴던 이야기들이 머릿속에 생생하게 남아 있었다. 한참 있으니 차츰 정신이 맑아지기 시작했다. 책상 앞에 앉은 노마는 다시 한 번 공자와 묵자의 말씀을 떠올리며 일기장을 펼쳤다.

6월 15일 월요일 날씨: 맑음

  오늘 나는 공자님, 묵자님과 함께 오랫동안 대화를 나누었다. 이야기에 빠져들다 보니 오늘 재현이의 일로 받았던 충격과 뉴스를 보며 우울했던 마음이 조금은 풀리는 것 같았다. 왜냐하면 공자님과 묵자님도 내가 걱정하는 것과 비슷한 문제를 함께 고민하고 계셨기 때문이다.

  그뿐 아니라 인류의 평화를 가져오는 방법에 대해서도 함께 생각해 보았다. 그 방법으로 공자님은 '인'을 말씀하셨고, 묵자님은 '겸애'를 말씀하셨다. 두 분의 생각은 모두 옳은 것 같았다. 하지만 가만히 생각해 보니 의문이 생긴다.

  공자님은 이런 말씀을 하셨다.

  "'인'이란 가족에 대한 사랑에서 출발하는 거야. 그 사랑이 이어져 이웃 어른을 내 부모처럼 섬기며, 또 내 형제처럼 아끼는 마음이 되지. 그리고 그 사랑은 점점 더 커져서 내 나라, 남의 나라를 사랑하며, 결국은 인류를 사랑하게 되는 거야. 그리하여 마침내 인류의 평화가 이루어질 수 있단다."

  하지만 내가 공자님 말씀에서 궁금한 점은 바로 어떻게 남을 내 몸과 가족처럼 사랑할 수 있는가 하는 것이다.

  내 가족을 사랑하는 것은 너무나 당연하고 쉬운 일이다. 하지만 남을 그만큼 사랑한다는 것은 정말 힘든 일이 아닌가? 남의 부모를 내 부모처럼 섬기고 남의 자식을 내 자식처럼 아끼는 것은 생각처럼 쉽지 않은 것 같다.

그럼 어떻게 해야 이 어려운 일을 실천할 수 있을까? 공자님은 혹시 실천하는 방법까지 생각해 두지 않으셨을까? 다시 만나면 꼭 여쭈어 보고 싶다. 물론 묵자님의 '겸애'에 대한 말씀에도 여러 가지 의문이 생긴다.

"인류를 사랑하는 마음인 '겸애'는 가족에 대한 사랑 같은 특별한 출발점이 없어. 왜냐하면 인류는 가족이나 민족과 달리 특정한 공동체가 아니기 때문이야."

그리고 묵자님은 '겸애'는 차별 없이 서로 사랑하는 거라고 하셨다. 그렇다면 이것은 너무 막연하지 않은가! 출발점도 없는 사랑을 어떻게 실천할 수 있을지 모르겠다.

'인'은 비록 차별이 있는 사랑이지만 분명한 출발점이 있었다. 하지만 '겸애'란 어디서 출발해서 무엇을, 어떻게 사랑해야 할지 알 수가 없으니 답답하기만 하다.

혹시 두 분의 생각을 하나로 모을 수는 없을까? 인류의 평화를 이룰 수 있는 방법이라면 모두가 꼭 필요할 것 같은데. 다시 두 분을 만나게 될 때까지 곰곰이 생각해 봐야겠다. 진정 사랑을 실천하며 인류의 평화를 가져올 수 있는 길을 말이다.

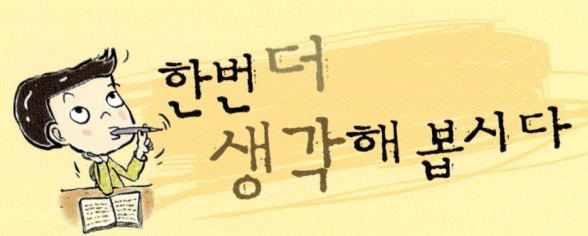
한번 더 생각해 봅시다

인류의 사랑과 평화를 이루려면 어떻게 해야 할까요?

공자는 어진 마음(인)을 길러 실천해야 한다고 했습니다.

묵자는 공자의 '어진 마음'을 반대하지는 않았지만, '나의 부모' 혹은 '가족'에서 출발하여 사랑을 넓혀 가기보다는, 애초부터 사랑을 베푸는 데 차등이나 구별을 버리고 서로 사랑할 것(겸애)을 주장했습니다.

두 분의 견해 중 여러분은 어느 쪽에 동의하나요? 그렇게 생각하는 이유를 서로 이야기해 봅시다.

예절은 왜 필요할까요?

피곤한 예절, 유익한 예절

달그락!

그날따라 늦잠을 잔 노마는 마음이 급했다. 그래서 허겁지겁 밥을 먹다가 그만 밥그릇에 숟가락을 요란스럽게 부딪치고 말았다.

"애, 밥 먹을 땐 소리를 내는 게 아니랬지?"

엄마가 노마에게 주의를 주었다.

"네."

노마는 입 안에 든 것을 우적우적 씹으며 큰 소리로 대답했다.

"쯧쯧, 노마야. 음식을 씹을 때는 되도록이면 소리를 내지 말아야지. 노마는 식사 예절을 다시 배워야겠구나."

엄마의 따끔한 한마디에 노마는 입 안에 있던 밥을 살살 씹으려다 그만 꿀꺽 삼키고 말았다. 목이 메였다.

노마는 더 이상 아침을 먹을 기분이 아니었다. 학교에 늦었다면서 후닥닥 책가방을 메고 집을 나섰다.

"노마야!"

저쪽에서 동민이와 나리가 노마를 보더니 반가운 얼굴로 뛰어왔다.

"어? 노마야. 왜 그렇게 시무룩해? 어디 아프니?"

동민이가 걱정스러운 얼굴로 물었다.

"아니. 아침 먹으면서 엄마한테 혼나서 기분이 좀 그래."

"왜?"

"요란스럽게 소리 내고 먹는다고……."

"야, 그런 거라면 혼나도 싸. 밥 먹으면서 쩝쩝 소리를 내거나 음식을 씹으면서 말하면 얼마나 보기 흉한데."

"하지만 밥을 맛있게 먹다 보면 소리가 나는 건 당연하잖아."

"맞아. 편하게 밥을 먹어야 소화도 잘된다고 하더라. 그런데도 어른들은 그저 밥상에선 소리도 내지 말라고 하니 답답해."

나리가 노마의 말에 맞장구를 쳤다.

"그래도 예절은 지켜야지."

"예절이라고? 아휴, 골치 아파. 예절의 예자도 꺼내지 마."

노마는 고개를 절레절레 흔드는 나리를 이상하다는 듯 빤히 쳐다보았다.

"너희는 남자니까 잘 모르겠지만 여자들한테는 까다로운 예절이 얼마나 많은 줄 아니? 앉을 때는 다소곳이 앉아라, 큰 소리로 웃지 마라, 볼썽사납게 뛰지 마라……. 한 번이라도 어기면 '여자가 왜 그 모양이니?' 하고 당장 불호령이 떨어진다니까."

나리가 할머니 목소리를 흉내 내며 말했다.

"그런 건 아무것도 아니야. 옛날 선비들은 예절을 차리기 위해 글쎄 한여름에도 집 안에서 버선을 신고 갓까지 쓰고 있었대."

"예절이란 알고 보면 참 피곤한 거야."

노마와 나리는 서로의 말에 맞장구쳐 주었다.

"나는 오히려 예절이 필요하다고 생각하는데?"

동민이는 친구들과 다른 의견을 내놓았다.

"뭐? 그럼 한여름에도 옷이란 옷은 다 입고 있는 것이 필요한 일이라는 거야?"

"선비들이 한여름에 옷을 모두 갖춰 입는 것은 단정하고 흐트러짐 없는 마음의 표현이야. 그러니까 예절은 겉으로 드러나는 겉치레라고만 평가해서는 안 되지. 정말로 예절을 지킨다는 것은 속마음에서 우러나오는 순수한 것이 겉으로 드러나는 거야."

동민이의 말에 나리는 입을 삐죽거리며 토를 달았다.

"하지만 마음에도 없는데 할 수 없이 지켜야 되는 경우가 더 많잖아. 예절은 정말 귀찮은 거라고."

"얘들아, 이러다가 지각하겠다. 학교 끝나고 이따 밤에 공자님을 찾아가 보자. 뭔가 좋은 방법을 찾을 수 있겠지."

노마가 두 아이의 말을 가로막으며 서둘러 뛰기 시작했다.

공자와 노자의 말다툼

그날 저녁 세 친구는 꿈속에서 나란히 공자를 찾아갔다.

때마침 노자와 이야기를 나누고 있던 공자가 아이들을 반갑게 맞이했다.

"그동안 안녕하셨어요?"

아이들이 공자에게 인사를 하자 노자가 대뜸 아는 체를 했다.

"그래, 너희들이 바로 노마와 나리구나. 난 노자라고 한다."

동민이도 얼른 노자에게 자기소개를 했다.

"안녕하세요? 노자님. 전 동민이에요. 그런데 지금 무슨 말씀들을 나누고 계셨어요?"

"공자님과 예절에 대해 이야기하고 있었단다."

"어쩜! 저희도 마침 그 문제에 대해 궁금한 것이 있어서 찾아뵈었는데요!"

그때 공자가 입을 열었다.

"그러고 서 있지 말고 어서 이리 와 앉으렴."

아이들이 조심스럽게 무릎을 꿇고 앉자 노자가 불쑥 한마디 했다.

"편하게들 앉아라. 불편하게 그러지 말고."

"어른들 앞인데 어떻게 편히 앉아요?"

노자는 안됐다는 듯 쯧쯧 혀를 찼다.
"왜 그러시오? 예절을 차리는 것이 못마땅하기라도 하십니까?"
공자가 그런 노자를 나무라듯 말했다.
"그렇소. 그 예절이라는 것이 도대체 앉을 때조차도 이래야 한다, 저래야 한다며 사람을 아주 피곤하게 하질 않습니까?"
"예절을 왜 억지로 지키려고 애쓴단 말입니까? 예절이란 마음에서 우러나오는 것을 겉으로 드러내는 행동인데요."
"마음에서 우러나온다고요? 그건 당치 않은 말씀입니다. 도대체 공자님 말고 누가 이 더운 날에도 모자를 쓰고, 말할 때마다 혹시 틀리지나 않을까, 걸을 때도 흉을 잡히지 않을까, 음식을 먹을 때도 소리 나면 어쩌나 신경 쓰고 싶어 한단 말입니까? 그건 다 남에게 보이기 위해서 억지로 꾸미는 행동들이 아닌가요?"
"그럼 넝마 같은 옷을 입고도 남의 눈을 아랑곳하지 않고, 입에서 나오는 대로 함부로 말하는 것이 도리에 맞다는 말씀이십니까?"
"적어도 나는 예절을 지키기 위해 억지로 꾸미는 짓은 하고 싶지 않습니다."
두 사람이 한참을 타시락거리자 보다 못해 나리가 말했다.
"내키진 않지만 억지로 예절을 지켜야 할 때가 있어요. 그때마다 속으로는 화가 나도 참을 수밖에 없거든요."
"그럴 경우에 진실한 마음은 없어지고 그냥 겉치레만 남는데 그런 예절이 왜 필요한지 모르겠어요."
노마도 투덜거리며 불평을 늘어놓았다.
그러자 공자가 물었다.
"만약 예절이 없다면 더 편해질까?"
"네. 훨씬 더 편하고 자유로워질 것 같아요."
"만약 무슨 일이든 각자 자유롭게 하고 싶은 대로 하고, 하기 싫으면 안 해도 된다면 어떻게 될까? 윗사람을 만나도 내키지 않으면 못 본 체하고 말이다."
동민이가 공자의 말에 얼른 대답했다.
"예절이 없다면 할머니께도 친구를 대하듯이 함부로 할지도 몰라요. 그렇게 되면 위아래 구별이 없어지게 되잖아요."
"바로 그거다. 분명히 사람들 사이에는 구별이 있는데, 모든 사람을 똑같이 대한다는 것은 결코 옳은 것도, 편하고 자유로운 것도 아니지. 게다가 사람들을 대할 때 마음에서 우러나오는 반가움의 표시가 바로 인사 아니겠니? 그리고 그런 인사는 어떻게 해야 한다는 방법인 예절이 있으니 실수할 염려도 없고 말이다. 다시 말해 교통 법규를 지킴으로써 차들이 막힘없이 달릴 수 있듯이 예절이란 이 세상을 순조롭게 하는 하나의 질서라고 할 수 있단다."
"하지만 예절을 지키다 보면 결국에는 예절에 얽매이고 말 거예요. 우리 언니 시집갈 때 보니까 혼수를 많이 해 가야 예절을 잘 지키는 것처럼 생각하던데요. 마음에도 없는 혼수를 잔뜩 해 가는 건 사치지 결코 예절을 잘 지키는 것은 아니잖아요."
나리가 뾰로통한 목소리로 공자에게 말했다.
"그건 예절이 무엇인지 모르고 하는 일이야. 예절은 사치를 부리는 데 있는 것이 아니라 검소한 태도에 있으며, 상을 당해서도 겉치레보다도 진심으로 슬퍼하는 마음이 나타나야 하는 거란다. 이를테면 속마음이 중요하단 얘기지."
그때 잠자코 듣고 있던 노자가 입을 열었다.
"하지만 공자님, 우리는 주위 사람들의 눈치를 보며 그런 마음을 억지로 생기게 하고 있지 않습니까? 인사 잘하고 공손하고 예의바른 마음을 갖기 위해 많은 사람들이 억지로 노력하고 있으니까 말입니다. 그러니 예절이라는 것은 사람을 지치게 하는 것이지요."
"노자님 말씀이 맞아요. 저희는 마음에서 저절로 우러나오기도 전에 이럴 때 이런저런 예절을 지켜야 한다고 배우고, 또 예절바른 마음이 생기게 하기 위해 노력하거든요."
노마의 말에 노자가 편을 얻은 듯 의기양양하게 말했다.
"그처럼 억지로 지키는 예절은 결국 겉치레가 되기 십상이지."
그러자 동민이가 불쑥 물었다.
"그럼 아무 노력도 하지 말아야 하나요?"
"그래. 모든 것, 특히 예절이란 억지로 한다고 해서 되는 것은 아니란다. 자연의 섭리에 따르는 것이야말로 가장 좋은 예절이지."
"하지만 예절이 없다면 세상이 몹시 불편하고 혼란스럽게 되지 않을까요?"

동민이는 예절을 지키지 않는 것이 못내 걱정스럽다는 듯이 말했다.

"모든 것은 그냥 자연스럽게 놔두면 모두 제자리로 돌아오게 마련인데, 억지로 강요하니까 엉뚱한 길로 빠지는 게 아닐까? 자연 법칙에 따르면 억지로 노력하지 않아도 저절로 얻고 이루어지는 것이니, 얼굴을 찡그릴 필요도, 마음에 없는 미소를 지을 필요도 없는 것이란다."

이번에는 공자가 노자의 의견에 반박을 하고 나섰다.

"그렇지가 않습니다. 자연 그대로 따른다고 해도 예절은 꼭 있어야 됩니다. 사람이 동물과 다른 것도 그 때문이지요."

"천만에요. 예절이 정말 필요한 것이라면 어째서 예절을 지키지 않는 사람이 저렇게 많단 말이오. 그건 자연스럽지 않기 때문이 아닌가요?"

"그럴수록 마음을 깨끗이 닦아 순수한 마음으로 돌아가야지요."

"순수한 마음이란 자연스럽게 생겨나야지, 노력한다고 되는 것은 아닙니다. 노력해서 생기는 마음은 한때 빛을 낼지는 모르나 오래 가지 못하지요."

시간이 갈수록 공자와 노자의 논쟁은 열기를 더해 갔다. 결국 보다 못한 동민이가 나서서 두 사람의 말을 가로막았다.

"그만 하세요. 이러다 저희들 때문에 다투시겠어요."

세 친구는 민망한 생각이 들어 변변히 인사도 못 드리고 그곳을 물러 나왔다.

영원히 변치 않는 예절

"예절이란 건 반드시 지켜야 되는 거니?"

노마가 찜찜한 얼굴로 다시 말을 꺼냈다. 결론을 얻지 못하고 돌아온 것이 못내 마음에 걸리는 눈치였다.

"글쎄, 예절이 있으니까 편리한 건 사실이잖아. 하지만 마음에도 없는 겉치레는 정말 피곤해."

나리는 심드렁하게 대꾸했다.

"그렇다고 예절을 무시하고 되는 대로 행동하는 것도 문제가 있잖아. 자연스럽다는 것이 무엇인지 생각할수록 어려워."

그때 동민이가 점잖게 말했다.

"자연의 법칙에 따르는 것이 자연스러운 것이지 뭐. 봄이 가면 여름이 오고, 여름이 가면 가을이 오는 것처럼 말이야. 봄이 좋다고 봄을 붙들 수 없는 것처럼 억지로 만들어 내는 건 안 되지."

"하지만 시대와 장소에 따라 예절도 자꾸 변해 가니 그것도 어려운 문제야."

노마는 가볍게 한숨을 내쉬었다.

"그래. 옛날에는 부모님이 돌아가시면 3년 동안 무덤 옆에 초막을 지어 놓고 지냈다는데, 요즘 세상에 그런게 어딨니? 또 옛날에는 만나면 큰절을 했지만 요즘에는 악수로 대신하잖아."

"그러니 우리가 미래에 지켜야 할 예절도 많이 달라지겠지?"

"하지만 한 가지는 변함이 없어. 공자님이나 노자님이 서로 다른 주장을 하신 것 같지만 사실은 공통점이 있어. 예절은 바로 마음에서 우러나오는 것, 다시 말해서 노력 이전에 자연스럽게 생기는 순수한 마음에서 비롯된다는 것 말이야. 그런 것이 예절이라면 미래에도 그 바탕은 변하지 않을 거야."

나리가 갑자기 다소곳한 태도로 이렇게 말했다. 마치 순수하고 자연스런 마음을 찾으려는 듯이……

6월 18일 월요일 날씨: 맑음

 오늘은 예절에 대해 공자님, 노자님과 함께 대화를 나누었다. 사실 꼬박꼬박 예절을 지킨다는 것은 참 피곤한 일이다. 그렇다고 예절을 지키지 않으면 또 버릇없는 사람이 되는 것 같다.

 공자님은 예절이란 진정한 속마음의 표현이라고 하셨다. 하지만 요즘에는 스스로 예절을 지키려는 마음은 없고 남들이 지키니까 하는 수 없이 지키는 경우가 더 많다. 뭔가 잘못된 것 같다.

 노자님은 이런 문제들이 생기는 것은 예절을 만들어 강제로 지키게 하기 때문이라고 하셨다. 그러므로 예절은 굳이 지키려 애쓸 필요 없이 자연의 법칙에 따라 행동하는 것이 중요하다고 말씀하셨다.

 하지만 자연스러운 게 어떤 것인지 제대로 아는 것은 생각만큼 쉽지 않다. 또 예절이 필요하다 해도 언제 어디서나 똑같은 것은 아니다. 외국의 예절과 우리나라의 예절, 또 옛날의 예절과 오늘의 예절이 무척이나 다르기 때문이다. 생각할수록 예절은 어렵다.

 어쨌든 인간의 자연스러운 마음이 겉으로 드러난 것이 예절이라면 예절의 근본정신은 변하지 않을 것이다. 결국 이 말은 노자님의 자연 법칙에 따르는 삶과 통하지 않을까?

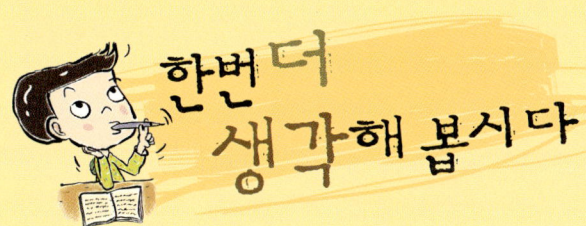
한번 더 생각해 봅시다

　공자는 예절이란 마음에서 우러나오는 것을 겉으로 나타낸 행동이라고 말합니다. 한편 노자는 예절이란 남에게 보이기 위해 억지로 꾸미는 것이기 때문에 사람을 지치게 하며, 오히려 필요 없는 것이라고 가르칩니다. 사람은 자연스럽게 살아야 한다는 것이지요.
　그렇다면 여러분은 이 두 분의 생각 중에서 어느 것이 더 옳다고 생각하세요? 두 분의 생각 가운데 공통점은 없을까요?
　우리가 지키고 있는 예절 가운데 귀찮게 느껴진 것들, 혹은 아름답게 느껴진 것들에 대해서 이야기해 봅시다.

2 우물에 빠진 아이와 맹자

추나라의 맹자(B.C.371~B.C.289)는 귀족 가문에서 태어나 어려서 일찍 아버지를 여의고 홀어머니 밑에서 자랐습니다.
맹자의 철학 사상은 공자의 가르침을 넓히고 다시 해석한 것으로, 중국에서는 공자 다음의 성인으로 존경받아 왔습니다. 훗날 그의 제자들이 맹자의 생각을 정리한 『맹자』는 '성선설'이 중심을 이루고 있습니다.

사람의 마음씨는 착할까요, 악할까요?

나리의 눈물

어제는 하루 종일 질금질금 비가 내렸다. 오랜만에 단비를 맞아서인지 창문 밖에 내놓은 화초들이 더욱 푸르고 생기가 넘쳤다.

창가에 남자 아이들 몇 명이 모여 웅성거리고 있었다.

"어라? 금세 껍질 속으로 들어가 버리잖아."

"네가 너무 세게 찔러서 그래."

"껍질을 한번 깨뜨려 볼까?"

호준이는 자를 높이 치켜들고 금방이라도 내리칠 기세였다. 이때 갑자기 나리의 비명 소리가 들려왔다.

"너희들 지금 뭐하는 거야!"

파랗게 질린 나리는 당장이라도 숨이 넘어갈 듯 외쳤다.

"아휴, 귀 따가워. 왜 소리는 지르고 그래? 달팽이 처음 보니?"

호준이가 웬 호들갑이냐는 듯 태연하게 웃으며 말했다.

"왜 살아 있는 동물을 연필로 찌르고, 그것도 모자라 껍질까지 깨려느냔 말이야."

나리는 주먹을 부르쥐고 호준이를 노려보았다.

"재밌잖아."

호준이는 눈 하나 깜짝하지 않고 이렇게 말했다.

"뭐야? 재미있다고 가만히 있는 생명체를 못살게 군단 말이야? 너보다 힘센 사람이 널 그렇게 괴롭히면 좋겠니?"

나리는 입술을 부르르 떨며 말했다. 눈에는 눈물마저 글썽였다.

"전생에 달팽이였나, 왜 저렇게 난리야……."

그러자 호준이가 구시렁거리며 가 버렸다.

나리 덕분에 가까스로 목숨을 구한 달팽이는 느릿느릿 물기가 남아 있는 화분 쪽으로 기어갔다.

집으로 돌아오면서도 나리는 언짢은 기분이 좀처럼 풀리지 않았다. 죄 없는 달팽이를 괴롭히던 호준이의 모습이 자꾸만 눈앞에 어른거렸다. 나리는 입술을 비죽이며 말했다.

"아마 호준이는 날 때부터 마음속에 못된 악마가 있었을 거야."

"그럼 원래부터 악한 마음씨를 갖고 태어났다는 얘기니?"
노마가 그건 좀 심하다는 투로 말했다.
"그렇지 않고서야 어떻게 연약한 달팽이를 괴롭힐 수 있어?"
"하지만 호준이는 얼마 전에 길을 잃고 우는 아이를 집에까지 데려다 주기도 했는걸."
"그래서 넌 달팽이를 못살게 구는 호준이의 마음이 본래 착하다고 말하고 싶은 거니?"
나리는 엉뚱하게 노마에게 화풀이를 해 댔다.
"그런 게 아니라……."
노마는 나리의 가시 돋친 목소리에 슬그머니 꽁무니를 뺐다.
그때 동민이가 두 사람 사이에 끼어들며 말했다.
"우리 이럴 게 아니라 맹자님을 만나러 가 볼까?"
나리와 노마는 동민이를 빤히 쳐다보며 물었다.
"맹자님? 우리가 맹자님을 무슨 수로 만난다는 말이니?"
동민이는 씨익 웃었다.
"내가 가르쳐 준 거 있잖아. 자기 전에 맹자님의 모습을 떠올리면서 열까지 세 보자. 우리 모두 함께 맹자님을 보러 가는 거야!"

물에 빠진 아이를 보면

그날 밤, 꿈속에서 노마, 나리, 동민이는 고풍스러운 중국의 전통 정원 안에 들어와 있있다.

경치 좋은 마당의 한쪽에서는 맹자와 고자가 마주 앉아 얘기를 나누고 있었다.

"사람의 본성은 마치 물과 같아요. 물은 그 길이 동쪽으로 나면 동쪽으로, 서쪽으로 나면 서쪽으로 흐릅니다. 사람의 본성도 이처럼 선할 수도 있고 악할 수도 있다는 거지요."

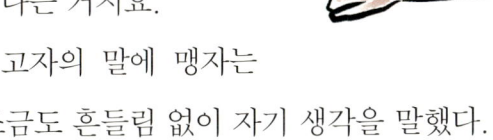

고자의 말에 맹자는 조금도 흔들림 없이 자기 생각을 말했다.

"물론 물에는 동서의 구분은 없지만 상하의 구분은 반드시 있어요. 사람의 본성이 본래 착한 것은 물이 위에서 아래로 흐르는 것과 같은 이치지요."

"물은 아래를 막으면 거꾸로 오를 수도 있으니 사람의 본성도 악한 것에서부터 나올 수 있지 않겠습니까?"

"외부의 힘으로 억지로 만든 것을 어찌 물의 본성이라 할 수 있습니까? 사람을 악하게 만드는 것도 바로 그런 외부적인 환경이 아니겠소?"

아이들은 가만히 귀를 기울이다 조심스럽게 다가갔다.

아이들을 보자 고자는 자리에서 일어났다.

"꼬마 손님들이 오셨군요. 저는 그럼 다음에 찾아 뵙겠습니다. 오늘 말씀 잘 들었습니다."

그러더니 말릴 틈도 없이 획 가 버렸다.

"저 사람은 늘 저런단다. 신경 쓰지 말거라. 그래 무슨 일로 왔니?"

어안이 벙벙해진 아이들에게 맹자는 웃으며 말했다.

노마가 먼저 입을 열었다.

"저는 노마고요, 이쪽은 제 친구들인 나리와 동민이에요. 궁금한 게 있어서 맹자님을 뵈러 왔습니다."

노마의 말이 떨어지기도 전에 나리가 얼른 말했다.

"저희는 사람의 마음씨가 본래 착한지, 아니면 악한지 알고 싶어서 왔어요."

맹자는 잠시 뜸을 들이더니 이렇게 물었다.

"만약 물에 빠진 아이를 보면 사람들은 어떤 생각이 들까?"

"깜짝 놀라서 얼른 건져 주려 할 거예요."

"맞아. 그것은 어린아이의 부모에게 어떤 대가를 받으려 해서도 아니고, 또 이웃이나 친구들에게 칭찬을 듣기 위해서도 아니야. 이렇듯 남의 불행을 보고 어쩔 줄 모르며 가엾게 생각하는 마음이 바로 인간의 본성이 착하다는 증거가 아니겠니?"

"그런데 어째서 사람들은 나쁜 일을 저지르죠? 그건 인간의 본성이 악하다는 증거 아닌가요?"

"하지만 아무리 나쁜 짓을 한 죄인이라도 일단 뉘우치면 아주 착한 사람이 되지. 이것을 보면 사람의 본성은 본래 착한 거란다. 죄를 짓는 건 환경이 좋지 못해 잠시 본성을 잃고 나쁜 습관에 빠져들기 때문이야."

이때 갑자기 인기척이 나더니, 이번에는 나이가 지긋한 노인 한 분이 나타났다.

숨어 있는 악한 마음씨

"전 순자라는 사람입니다. 우연히 이 앞을 지나가다 이야기를 엿듣게 되었습니다. 전 사람의 마음씨에 대해 맹자님과 생각이 다르지요."

순자는 자리를 잡고 앉자마자 반론을 폈다.

"그럼 사람의 마음씨가 악하다는 말씀인가요?"

"그렇고말고요. 사람의 마음씨란 날 때부터 하늘로부터 받는 것인데, 이것을 어찌 나쁜 환경 때문에 잃어버릴 수 있겠습니까? 악한 마음이 나타난다면 처음부터 악한 마음씨가 숨어 있다는 얘기지요."

"물론 착하던 사람도 심한 흉년에 배를 주리게 되면 도적이 되기도 하지요. 하지만 이런 경우에는 환경만 좋아지면 다시 선량해질 수

있소."
"본성이 착한 사람이 그깟 환경 때문에 악한 짓을 한단 말입니까? 어디까지나 본성이 악하다는 증거지요."
그러자 맹자는 잠시 생각하더니 다시 입을 열었다.
"그렇다면 사람들은 왜 남의 불행을 가엾게 여기고 착한 일을 하려고 노력하지요? 그건 본성이 착하기 때문에 자연히 생기는 마음이 아닌가요?"
"그건 악한 인간의 마음씨가 교육을 통해 착하게 만들어졌기 때문이지요."

그때 동민이가 불쑥 끼어들며 순자에게 물었다.
"교육으로 인간의 악한 마음씨가 착하게 된다는 말씀이세요?"
"그렇지. 인간은 나면서부터 시기심과 미워하는 마음을 가지고 있단다. 이것을 그대로 두면 서로 싸우고 빼앗는 파괴적인 성격이 돼 버리지. 그래서 반드시 교육이 필요한 거야."
맹자는 고개를 가로저었다.
"교육을 받아들이는 것도 결국 인간의 마음씨가 착하기 때문에 가능한 것이 아니겠습니까? 사람의 본성이 악하다면 어째서 예의나 도덕을 중시하는 학문을 하려고 하겠소? 악하다면 오직 남을 해롭게 하고 자기의 이익을 찾는 것에만 신경 쓰지 않겠습니까?"
이번에는 순자가 맹자의 말을 물고 늘어졌다.
"그럼 맹자님 말씀대로 정말 사람의 본성이 착하다면 그에 따라 행동하면 되지, 굳이 학문이 왜 필요하겠습니까?"
맹자도 지지 않고 순자의 말을 맞받아 쳤다.
"그것은 본래의 착한 본성을 더욱 착하게 완성하기 위해서지요. 옥은 닦을수록 숨은 빛을 발하지 않소?"
"인간의 본성이 착하기 때문에 학문을 하게 된다는 생각은 마음씨와 멋진 행동을 구별하지 못한 데서 오는 잘못된 판단입니다."
두 사람은 서로의 주장을 펴면서 한 걸음도 물러서지 않았다.
잠시 이야기가 끊긴 틈을 타서 노마가 물었다.
"순자님, 본성과 힘씀을 어떻게 구별해야 하나요?"
"본성이란 하늘이 내린 거야. 하지만 힘씀이란 예의나 도덕 등 사람이 만든 학문이나 수양의 노력을 필요로 하는 것들이지."
"두 가지를 구별하는 게 무슨 의미가 있지요?"
순자는 노마의 질문에 차근차근 설명을 해 주었다.
"천성은 자연스럽게 저절로 행해지는 것이니, 사람이 만든 학문 같은 힘씀과는 관계가 없지. 천성이 착하다면 뭐하러 사람이 만든 도덕이나 예의를 배우겠니?"
"그러면 악한 본성은 학문을 통해서도 착해질 수 없는 거잖아요."
나리가 뭔가 앞뒤가 맞지 않는다는 투로 물었다.
"맞아요. 악한 본성도 하늘이 내린 것이니까 학문으로 바꿀 수 없을 거라고요."

노마도 나리의 말에 맞장구를 쳤다.

"그건 좀 다른 얘기란다. 만약 네가 몹시 가난하다면 뭘 원하게 될까? 당연히 부자가 되고 싶겠지. 또 공부를 못한다면?"

"그야 우등생이 되고 싶죠."

노마는 얼른 대답했다.

"바로 그거야. 사람한테는 누구나 자신의 결점을 보완하려는 욕망이 있어. 인간은 본성이 악하다는 이 결점을 보완해서 착해지려 하지. 그래서 학문이 더욱 필요한 거야."

노마는 잠시 생각을 하더니 이렇게 말했다.

"이 세상에는 성인군자처럼 존경을 받는 착한 사람이 있는가 하면, 나쁜 짓만 해서 미움을 받는 사람도 있어요. 그건 사람의 본성이 착하기만 한 것도, 나쁘기만 한 것도 아니라는 걸 말해 주는 것이 아닐까요?"

나리와 동민이도 같은 생각이라는 듯 고개를 끄덕였다. 그러자 순자와 맹자는 다시 서로의 주장을 펼쳐 나갔다.

"인간은 모두가 똑같은 본성을 타고났지만, 성인이나 군자 같은 분들은 학문과 수양에 힘써 본성을 착하게 변화시킨 것입니다."

"아닙니다. 그들은 원래 착한 본성을 학문과 수양으로 갈고 닦아 더욱 빛낸 것이 분명합니다."

맹자의 말에 순자가 따지듯이 물었다.

"그렇게 본성이 착해서 성인이나 군자가 되었다면 왜 우리가 그들을 존경하겠어요? 그들은 별다른 노력 없이 단지 자기의 착한 본성에 따라 행했을 뿐 아닙니까?"

어느덧 해가 서산으로 뉘엿뉘엿 기울고 땅거미가 짙게 깔리기 시작했다.

노마와 나리, 동민이는 얼른 인사를 하고 자리에서 일어났다.

"어때? 궁금증이 좀 풀렸니?"

동민이가 대뜸 나리에게 물었다.

"아니. 머리만 더 복잡해졌는걸."

나리의 목소리에는 기운이 하나도 없었다. 무척 실망한 눈치였다.

"하지만 한 가지 중요한 발견을 했잖아!"

노마가 갑자기 걸음을 멈추고 큰 소리로 말했다.

"그게 뭔데?"

"맹자님과 순자님 말씀을 듣고 보니 결코 한 가지 행동만 보고 사람의 본성은 '착하다', '악하다'라고 쉽게 단정 지어서는 안 될 것 같아."

"그럼 오늘 달팽이를 괴롭히던 호준이의 마음은 어느 쪽일까?"

"글쎄……."

"그건 좀 더 생각해 봐야겠는걸."

세 아이는 저마다 생각에 잠겨 붉게 물든 저녁노을 속으로 발걸음을 옮겼다.

7월 16일 월요일 날씨: 비

　오늘은 동민이, 나리와 함께 맹자님을 만나러 갔었다. 가기 전부터 나리는 기분이 좋지 않았다. 아무 이유 없이 달팽이를 괴롭히던 호준이 때문이었다.

　그런데 나도 호준이처럼 그런 적이 있었던 것 같다. 아무 이유 없이 심술궂은 마음이 불쑥불쑥 들 때가 있다. 심심해서 기오를 그냥 괴롭힌 적도 있다.

　사람의 마음은 왜 이런 것일까? 원래 나쁘게 태어난 것일까? 그래서 맹자님께 사람의 본성에 대해 여쭈어 보았다. 맹자님은 사람은 원래 착한 마음씨를 갖고 태어났다고 말씀하셨다. 그리고 만약 어린아이가 우물에 빠졌다고 한다면 어떻게 할 거냐고 물어보셨다. 나는 당연히 구하러 가야 한다고 대답했다. 맹자님은 누구에게나 그런 마음이 있다며 사람의 본성은 원래 착한 거라고 하셨다. 나쁜 마음은 나쁜 환경의 영향을 받았기 때문에 생긴다고도 말씀해 주셨다. 그런데 그때 순자님이 나타나셨다. 순자님은 맹자님의 생각과 정반대로 말씀하셨다.

　사람이 나쁜 행동을 하는 이유는 나쁜 환경의 영향을 받아서가 아니라 원래부터 악한 마음을 타고났기 때문이라고 하셨다. 타고난 악한 마음을 교육으로 누르는 거라고 말씀하셨다.

　아무튼 맹자님과 순자님은 서로 의견을 주거니 받거니 하면서 토론을 하셨다. 옆에서 듣고 있던 우리는 두 분의 말씀이 끝날 것 같지 않아 먼저 나와 버렸다.

아, 모르겠다. 맹자님 말씀을 듣고 있으면 맹자님이 옳은 것 같고, 순자님의 말씀을 듣고 있으면 순자님이 옳은 것 같다. 궁금증을 해결하러 갔는데 해결하기는커녕 머릿속만 더 복잡해져서 돌아왔다.

태어날 때 마음이 악한지 착한지 볼 수 있는 것도 아니고 누구의 말씀이 맞는지 확인할 방법은 없는 것 같다.

사실 나는 사람의 마음이 악하기도 하고 착하기도 하다고 생각한다. 다만 착하게 살아야겠다고 생각할 뿐이다. 이건 나의 생각이니까 나도 이론을 하나 만들까 보다. '사람의 본성은 착하기도 하고 악하기도 합니다' 라고 노마님이 말씀하셨습니다. 하하!

한번 더 생각해 봅시다

　사람은 태어날 때 착한 마음씨를 갖고 태어날까요, 아니면 악한 마음씨를 갖고 태어날까요?
　맹자는 물이 위에서 아래로 흐르듯이 모든 사람의 마음씨는 본래 착하다고 합니다. 반대로 순자는 사람의 마음씨는 날 때부터 악하다고 말하지요.
　그렇지만 사람의 마음씨가 본래부터 착한지, 악한지는 그 누구도 알 수 없습니다. 중요한 것은 항상 선하게 살려는 마음가짐이 아닐까요?

나라는 어떻게 다스려야 할까요?

무서운 세상

"애들아, 우리 여행 가자!"

"뜬금없이 여행이라니?"

함께 방학 숙제를 하던 동민이와 나리는 눈을 동그랗게 뜨고 노마를 쳐다보았다.

"방학도 벌써 반이나 지났는데 내내 집에만 틀어박혀 있었잖아."

"하지만 우리 집에서는 아직 아무 계획도 없는 것 같던데?"

"우리가 어린애니? 아직도 엄마 아빠 따라다니게."

노마는 시시하다는 듯 입술을 비죽이 내밀며 말했다.

"도대체 무슨 여행을 가자는 거야?"

잠자코 듣고 있던 나리가 궁금하다는 듯이 물었다.
"응, 기차를 타고 서울을 벗어나 아무 데서나 내리는 거야."
"그래서?"
"그리고는 이곳저곳 둘러보며 신나게 하루를 보내는 거지."
노마는 우쭐해져서 큰 소리로 떠들어 댔다.
"그러니까 우리 셋이서 기차를 타고 하루 동안 아무 곳이나 여행을 하자는 거니?"
"맞아, 바로 그거야!"
"너 지금 제정신으로 하는 소리니?"
나리가 한심하다는 표정으로 노마를 뚫어지게 바라보았다.
"그럼 내가 더위를 먹어 헛소리라도 한다는 말이야?"
"정말 겁도 없구나. 어쩜 신문이나 뉴스도 안 보니? 어린이를 유괴해서 강제로 구걸을 시킨다는 무서운 얘기도 못 들어 봤어?"
"그래. 얼마 전에도 나쁜 사람들한테 끌려가 매 맞으며 일하던 어린이가 간신히 도망쳐 나왔다고 신문에 났더라."
동민이도 나리의 말을 거들고 나섰다.
친구들의 얘기를 듣고 보니 노마는 그제야 자기가 너무 경솔했다는 것을 깨달았다.
'만약 인신 매매범에게 끌려가 어딘지도 모르는 캄캄한 지하실에 갇혀 강제로 일을 한다면……'
생각만 해도 등골이 오싹해지는 기분이었다. 노마의 머릿속에는 풀리지 않는 수수께끼가 하나 생겼다.

'이 세상에는 어째서 이런 험악한 일들이 계속 일어나는 걸까? 법도 있고 무거운 벌도 있는데 말이야.'

살기 좋은 세상을 만들려면

혼자서 맹자의 집을 찾아간 노마는 허탕을 쳤다. 집은 텅 비어 있었다. 잔뜩 실망한 나머지 터덜터덜 걸어오는데, 때마침 큰길에서 수레를 타고 가는 맹자를 만났다.

노마는 반가운 마음에 맹자에게 달려가 꾸벅 절을 했다.

"맹자님, 어디 다녀오세요?"

"노마구나. 한동안 집을 떠나 여러 나라를 돌아다니며 임금님들을 만나고 오는 길이란다."

"무슨 중요한 회의라도 있었나요?"

"나라를 어떻게 이끌어야 모든 백성이 죄를 짓지 않고 평화롭게 살 수 있는지 궁금해하는 사람들과 만나 많은 이야기를 나누었지."

맹자는 수레에서 내리더니 소나무 그늘이 드리워진 오솔길로 걸어 들어갔다.

노마는 맹자의 뒤를 따라가며 말했다.

"그러니까 어떻게 백성과 나라를 다스려야 범죄가 없는 살기 좋은 나라가 될지를 이야기해 주신 거로군요."

"그렇지."

맹자는 노마의 말에 소용히 덧붙였다.

"또 엄한 법과 형벌이 있지만 나쁜 일은 끊이지 않지."
"맞아요, 도대체 어떻게 해야 나쁜 일을 저지르는 사람들이 생기지 않을까요?"
노마는 자못 진지한 얼굴로 물었다.
"실은 저도 그 점이 무척 궁금해요. 한 나라에는 대통령도 있고 나쁜 사람들을 잡아들이는 경찰도 있는데, 왜 사람들은 나쁜 짓을 일삼는 걸까요?"
"'사랑'과 '덕'으로 백성을 다스리는 왕도 정치만이 진정 살기 좋은 나라를 만들 수 있단다."
"엄한 법이 있는 줄 뻔히 알면서도 죄를 짓는데, '사랑'과 '덕'으로 백성을 다스린다고 해서 과연 모두가 그것을 따를까요?"
"그럼 넌 무엇으로 백성을 다스려야 한다고 생각하니?"
"전 지금의 법보다 더 엄한 법을 만들고 벌도 훨씬 더 무거워져야 한다고 생각해요."
그러자 맹자는 노마의 눈을 들여다보며 조용히 물었다.
"그렇게 한다고 모두가 나라의 법에 순종하고 지도자를 따를까?"
"원래 사람은 자기보다 강한 사람이나 힘에는 복종을 하잖아요."
"만약 집에서 가장 어른이신 부모님이 무조건 호통과 매로 가족들을 다스리면 넌 기꺼이 따를 수 있겠니?"
맹자의 질문에 노마는 선뜻 대답을 하지 못했다.
"아마 마음 한구석에 반항하는 마음이 생기고, 어쩌면 집을 뛰쳐나가거나 큰 문제를 일으킬지도 모르지."

"하지만 한 나라와 가족은 다르다고 생각해요. 가족을 대하듯 백성을 다스릴 수는 없잖아요."
맹자는 고개를 가로저으며 입을 열었다.
"그렇지 않아. 가족이 모여서 이루어진 것이 바로 나라야. 그러니까 자기 부모님을 공경하듯 남의 어른을 대하고 내 자식을 사랑하듯 남의 자식을 사랑하면, 바로 이것이 모든 사람을 사랑하는 '덕'이 되는 거야."
"그럼 그러한 '덕'으로 나라를 다스려야 한다는 말씀이세요?"
"물론이지. 힘이 약해 남에게 복종하는 것은 결코 마음으로부터 복종하는 것이 아니란다. 하지만 '덕'으로 백성을 다스리면 백성은 마음속으로부터 기뻐하며 진실로 복종하게 되지."
그제야 노마는 알아듣겠다는 듯 이렇게 덧붙었다.
"맞아요, 학교에서도 선생님이 무섭게 혼내시고 매를 드시면 그때는 모두 말을 잘 들어요. 하지만 선생님이 안 계실 때는 오히려 더 심한 장난을 치고, 심지어는 선생님 흉을 보기도 해요."
"그래. 그건 마음속에서 우러나서 진심으로 선생님을 따르는 제자라고 할 수 없는 거야. 만약 공자님이 '덕'이 아닌 '힘'으로 제자들을 가르치셨다면 어떻게 칠십여 명의 충실한 제자가 있을 수 있었겠니. 마찬가지로 한 나라도 '사랑'과 '덕'이 아닌 '힘'으로만 다스리려 하면 제대로 다스려질 수가 없어."
"그럼 왕도 정치는 어디에서 시작되나요?"
"그건 바로 가까이 있는 대상에 대한 어진 마음이 있고, 그래서 그

대상의 불행을 보고 차마 견디지 못하는 마음에서 출발하는 거야. 그게 바로 사람을 사랑하는 '인'이지. 그리고 이 사랑을 넓혀 나라를 다스리면 이것이 '인'으로 백성을 다스리는 것이 되고, 바로 '왕도 정치'가 이루어지는 거란다."

"그러니까 왕은 백성을 '덕'과 '사랑'으로 다스려야 한다는 뜻이네요."

"물론이지. 왕이 자신의 힘만 믿고 백성을 폭력으로 함부로 다루면 백성의 원한을 깊어져서 결국 왕의 자리를 잃게 될 거야."

그때 누군가 불쑥 맹자의 말에 끼어들며 한마디 했다.
"그럼 '덕'으로만 백성을 다스리면 나라는 물 흐르듯 잘되어 간다는 뜻인가요? 전 맹자님의 생각에 결코 동의할 수 없습니다."
맹자와 노마는 동시에 뒤를 돌아보았다.

엄한 벌과 후한 상

노마가 궁금증을 참지 못하고 물었다.
"어르신은 누구세요?"
"난 한비자라고 한단다. 맹자님과 정반대의 생각을 가진 사람이지. 충효의 도덕이나 인, 의리 같은 것으로는 결코 나라를 제대로 다스려 백성들을 행복하게 할 수 없어."
맹자는 한비자를 빤히 쳐다보며 물었다.
"한비자님은 어째서 그렇게 생각하시지요?"
"도덕으로 백성을 다스린다는 건 인구가 적었던 먼 옛날 얘기지요. 오늘날처럼 인구가 증가하고 생존 경쟁이 심해진 시대에는 아무 효력이 없어요."
"인구가 많아져도 사람 사이에 도덕이 무시되고 사라지는 건 아니죠. 옛날의 정치를 오늘에 맞게 다시 살릴 수도 있잖아요."
노마가 맹자를 대신하여 한비자에게 따져 물었다.
"그건 불가능한 일이야. 왜냐하면 왕이 온 백성을 사랑으로 아낀다고 해서 백성이 왕에게 순종하는 건 아니기 때문이지."

그러자 맹자가 한비자에게 질문했다.

"군왕이 인자하고 의로우면 백성도 그것을 본받고 따르는 법인데 어찌 불가능하다고 하십니까?"

"생각해 보십시오. 한 집안에서 부모가 자식을 아무리 사랑한다 해도 모든 자식들이 부모에게 순종하며 따르지는 않아요. 즉, 불효자도 있다는 뜻이에요. 마찬가지로 백성들 속에도 이런 종류의 사람이 꼭 있게 마련이지요."

한비자가 대답을 마치자 노마가 끼어들었다.

"그럼 백성을 엄한 법으로 다스려야 한다는 이야기인가요?"

한비자는 다시 말을 이어 나갔다.

"엄한 법과 더불어 상과 벌도 함께 있어야 하지. 사람은 누구나 자기에게 이로운 건 간절히 원하지만 해로운 건 되도록 피하고 싶은 본성이 있거든. 그러니 악행은 무서운 벌로 다스리고 선행에는 후한 상을 내린다면 사람들은 어느 쪽을 택할까?"

노마는 생각해 볼 필요도 없다는 듯이 대답했다.

"그야 당연히 선행을 해서 상을 받으려고 하겠지요."

그러자 맹자가 한비자에게 이렇게 물었다.

"엄한 법과 형벌이 무섭다고 과연 나쁜 짓을 그만두게 될까요?"

"도둑질을 하면 사형인데도 설마 도둑질을 하겠습니까?"

"물론 엄한 법은 당장에는 죄를 짓는 걸 막을 수 있겠지요. 하지만 아무리 엄한 법이라도 그것을 교묘히 빠져 나가 악행을 저지르는 사람들이 있어요. 그런 사람들이 많아지면 아무리 법이 엄해도 나라를 오래 지탱할 수 없지요. 그러니 법보다는 덕으로 백성을 다스리고, 또 모든 백성들에게 도덕을 철저히 가르치는 것이 바람직하지 않을까요?"
한비자는 맹자의 말이 끝나기를 기다리며 이렇게 말했다.
"인간에게 도덕을 철저히 가르친다는 건 처음부터 불가능한 일이에요. 인간의 품성은 태어날 때부터 이미 정해져 있어서 바꿀 수 없기 때문이지요. 예를 들면 자기 용모는 죽을 때까지 변하지 않는 것과 같습니다. 그러니 인간이 악행을 하지 않고 착한 사람이 되도록 만들어 주는 것은 오직 법의 힘밖에 없다고 생각합니다."
한비자는 자신의 생각을 조금도 굽히지 않았다.
노마는 두 사람의 이야기를 듣다 보니 더욱 머릿속이 복잡해졌다.
'도덕'과 '법' 둘 중에서 과연 어느 것이 살기 좋은 나라를 만들 수 있을까?

8월 10일 금요일 날씨: 흐림

　오래 전부터 꿈꿔 왔던 기차 여행은 물거품이 되고 말았다. 동민이와 나리, 나, 이렇게 셋이서 기차를 타고 떠나면 얼마나 근사할까? 새로운 사람들도 만나고 재미있는 경험도 할 수 있을 텐데. 그런데 사람이 무서워 이 멋진 계획을 포기해야 하다니……. 왜 세상에는 나쁜 짓을 하는 사람이 있고, 우리는 그 때문에 하고 싶은 일도 못 해야 할까?

　사람들은 범죄 없이 모두 행복하게 사는 나라를 만들려고 하지만, 지금 세상에는 너무도 무서운 일들이 많이 일어난다.

　맹자님은 백성을 '덕'으로 다스리는 왕도 정치가 이루어질 때 평화로운 나라가 될 수 있다고 말씀하셨다. 한 집안에서 부모님이 자식을 사랑으로 감싸듯 나라를 다스리는 일에도 백성을 사랑으로 끌어안아야 한다는 것이다. 물론 그래야 진심으로 지도자를 믿고 따를 것이라는 데에는 전적으로 동의한다.

　하지만 사회가 점점 복잡해지고 빠르게 변화되고 있는 지금, 맹자님이 만약 살아 계신다면 오늘날에 맞는 이러한 왕도 정치를 과연 세우실 수 있을까?

　왕도 정치를 강하게 주장하신 맹자님과는 달리 한비자님은 법이 더 중요하다고 하셨다. 한비자님의 말씀은 우리 집을 보더라도 충분히 이해가 간다. 기오와 나, 이렇게 둘뿐이지만 우리는 부모님의 속을 상하게 해 드릴 때가 많다. 그래서 작년 봄에는 가족회의를 열어 우리 집만의 법을 만들었다. 그 내용은 다음과 같다.

1. 귀가 시간은 7시를 넘기지 말자.

2. 식사할 때는 음식을 남기지 말자.

3. 형제끼리 서로 싸우지 말자.

4. 방 청소는 스스로 하자.

5. 숙제는 미루지 말고 그날 하자.

6. 위의 내용을 지키지 못했을 때에는 종아리 다섯 대씩을 맞는다.
   (단, 규칙을 어긴 사람 스스로 자기 종아리를 때린다.)

나도 몇 번 내 종아리를 때려야 했다. 처음에는 매가 무서워 규칙을 잘 지켰지만, 시간이 갈수록 꾀가 나서 요리조리 빠져나가게 되었다. 청소하기가 귀찮아서 대충 먼지를 구석에 밀어 넣었고, 귀가 시간이 7시를 넘기게 되면 기오와 미리 짜고 방에 있는 것처럼 꾸민 적도 있다.

이처럼 무조건 엄한 법과 형벌로 국민을 다스린다고 해서 전혀 문제가 없는 것은 아니다. 법과 형벌이 무서워 순종하던 사람들도 혹시 틈이 생기면 눈속임을 하거나 반란을 일으켜 나라를 어지럽게 할 수도 있을 것이다.

모든 사람들이 서로 사랑하며 평화롭게 사는 길은 진정 어려운 일일까? 문득 맹자님과 한비자님의 생각을 합치면 어떻게 될까 하는 생각이 든다. '인(덕과 사랑)+법(상과 형벌)'으로써 나라를 다스린다면 말이다.

한번 더 생각해 봅시다

맹자는 '사랑'과 '덕'으로 나라를 다스려야 한다고 말합니다. 반면 한비자는 이러한 맹자의 '왕도 정치'에 강력히 반대합니다. 엄한 벌을 만들어서 죄를 지으면 무서운 벌을 주고, 좋은 일을 하면 상을 주자고 주장합니다.

맹자와 한비자가 내놓은 방법에 대하여 여러분은 어떻게 생각하나요? 우리 주변에는 나라를 다스리거나 죄인을 대할 때 '관용'과 '사랑'을 주장하는 사람이 있는가 하면, 엄한 형벌이 꼭 필요하다고 말하는 사람도 있습니다.

살기 좋은 나라, 평화로운 세상을 만들기 위해서는 과연 어떤 방법이 좋을까요?

3. 초상집에서 노래하는
장자

장자는 맹자와 비슷한 시기에 활동한 철학자로, 도가 사상이 뿌리를 내리는 데 큰 영향을 끼쳤습니다. 송나라의 몽읍에서 태어나 잠깐 하급 관리를 지낸 이후로 평생 벼슬길에 오르지 않았다고 합니다. 장자는 개인의 안락함이나 대중의 존경 따위에 전혀 신경 쓰지 말고, 인생의 모든 것이 오로지 도로 통한다는 것을 인식해야만 깨달음을 얻을 수 있다고 가르쳤습니다.

자연의 법칙에 따르는 생활

이상한 동굴

"엄마, 제발 허락해 주세요. 네?"

노마와 기오는 엄마 뒤를 졸졸 따라다니며 설악산에 보내 달라고 끈덕지게 졸라 댔다. 벌써 며칠째였다.

"글쎄, 위험해서 안 돼."

그럴 때마다 엄마는 한마디로 딱 잘라서 거절했는데, 오늘따라 두 아이의 성화가 만만치 않았다.

"엄마, 삼촌이랑 같이 가는데 뭐가 위험해요?"

"형수님, 제가 책임지고 안전하게 데리고 갔다 올게요."

그런 노마와 기오가 안돼 보였던지 삼촌이 나서서 엄마에게 부탁을 했다.

"하는 수 없네요. 그럼 삼촌만 믿고 보내요."

엄마는 마지못해 승낙해 주었다.

"와! 신난다! 드디어 설악산에 갈 수 있는 거지, 형?"

기오는 실감이 안 난다는 듯 자꾸 되물었다.

다음 날.

노마와 기오는 삼촌을 따라 아침 일찍 설악산으로 가는 고속버스를 탔다. 멀리 설악산의 웅장한 자태가 눈에 들어오자 노마는 가슴이 쿵쿵 뛰었다. 사진으로만 보던 아름다운 경치를 실제로 대하니 말로 표현할 수 없는 신비스러움이 느껴졌다.

"형, 다 온 거야?"

기오는 산에 올라가고 싶어 안달이 나는지 엉덩이를 들썩거렸다.

"그래. 어서 내릴 준비하렴."

삼촌이 짐을 챙기며 말했다.

드디어 노마와 기오는 말로만 듣던 설악산에 온 것이다. 노마 일행은 짐을 메고 산으로 올라갔다. 기오는 작은 배낭도 버거운지 끙끙

거리며 노마의 뒤를 따랐다.

"삼촌 뒤에 꼭 붙어서 따라와야 해. 절대 한눈팔면 안 된다."

삼촌은 산을 오를 때 주의사항에 대해서 하나하나 설명해 주었다. 하지만 노마와 기오는 이미 다른 데 정신이 팔려 있어서 건성으로 대답했다. 한참 뒤 뒤처지던 기오가 나무숲에 가려진 동굴을 발견하고 노마를 불렀다.

"형, 저것 봐. 동굴이 있어!"

"정말? 동굴이잖아!"

노마와 기오는 호기심을 참지 못하고 동굴 속으로 가만가만 들어갔다.

"기오야, 이제 그만 나가자."

동굴 속이 너무 캄캄해 무서운 생각이 든 노마는 기오를 불렀다.

"알았어."

기오와 노마는 뒤로 돌아섰다. 그런데 순간 눈앞이 캄캄해졌다. 아이들은 비명을 지르며 밑으로 끝없이 떨어졌다.

죽은 사람 앞에서 노래 부르는 장자

"형, 여기가 어디야?"

기오가 툭툭 먼지를 털며 사방을 두리번거렸다.

"글쎄……. 어디 다친 데 없니?"

"응, 난 괜찮아. 그런데 여기가 어딜까?"

아이들은 정신을 차리고 주위를 찬찬히 살펴보았다. 사람들이 사는 마을 같았는데, 마치 전쟁이 휩쓸고 지나간 듯 마을은 온통 아수라장이 되어 있었다.

"아주머니, 무슨 일이 있었나요?"

노마가 한길가에 앉아 있는 아주머니에게 다가가 물어보았다.

"보면 모르겠니? 며칠 전에 이웃 나라 군사들이 쳐들어와서 이렇게 온 마을을 쑥대밭으로 만들어 놓고 갔단다."

아주머니는 넋이 나간 얼굴로 깊은 한숨을 내쉬었다.

"형, 이곳은 너무 위험한 것 같아. 언제 또 싸움이 벌어질지 모르니까 빨리 피하자."

"그러게 말이야. 어서 돌아갈 길을 찾아보자."

노마와 기오는 폐허가 되다시피한 마을 곳곳을 헤매고 돌아다녔다. 어디로 가야 좋을지 방향을 잡을 수도 없었지만, 무엇보다도 낯선 풍경들이 자꾸만 두 아이를 잡아끌었기 때문이다.

그런데 어디선가 노랫소리가 들려왔다.

"형, 저기서 무슨 잔치가 벌어졌나 봐."

"그래, 어서 가 보자. 그렇잖아도 배가 고픈데 맛있는 걸 얻어먹을 수 있을지 모르잖니?"

노마와 기오는 노랫소리가 나는 곳으로 부지런히 걸음을 옮겼다. 그런데 대문 앞에는 초상집이란 걸 알리는 조등이 걸려 있었다. 그걸 보자 노마와 기오는 온몸에 기운이 빠졌다. 그래도 너무 배가 고파서 가만히 대문 안으로 들어갔다.

"너희는 대체 어디서 온 아이들이냐?"

노래를 부르던 노인이 아이들을 돌아보더니 물었다.

"지나가다가 배가 고파서요……."

노인은 측은한 듯 노마와 기오를 아래위로 훑어보더니 음식을 이것 저것 그릇에 담아 주었다. 아이들은 게 눈 감추듯 음식들을 먹어 치웠다.

"그런데 할아버지, 누가 죽었기에 노래를 부르세요? 아주 나쁜 사람인가요? 아니면 원수인가요?"

한참 뒤 기오가 궁금증을 털어놓았다.

"둘 다 틀렸다. 오늘 내 아내가 저 세상으로 갔단다."

노인은 너무도 태연하게 말했다.

"부인이라고요? 그런데도 노래를 부르세요?"

노마는 어안이 벙벙한 얼굴로 노인을 쳐다보았다.

그때 옆자리에 앉아 있던 노인이 대신 입을 열었다.

"장자 저 사람은 너무 매정해. 원래가 지독한 사람이긴 하지만 노래까지 부른 건 너무 심했어."

노마와 기오는 노래를 부르던 노인이 장자라는 걸 비로소 알았다.

"여보게, 인간은 때가 되면 언젠가는 죽게 되어 있지 않은가. 아내는 이 세상에서 갖은 고생을 다 했는데, 이제 그 고생을 하지 않아도 되는 곳으로 갔으니 이 얼마나 즐거운 일인가? 그러니 기쁘게 노래를 불러 줘야지."

장자가 미소를 띠며 말하자 아이들은 그만 말문이 막혔다.

"아무리 고생스러워도 죽는 것보다는 사는 게 더 좋지 않나요?"

노마가 용기를 내어 큰 소리로 말했다.

"허, 이렇게 싸움 많고 어지러운 세상에서 사는 것이 뭐가 그리 좋을꼬. 이 세상에서 사는 것보다는 저 세상에서 안식을 취하는 것이 차라리 더 좋을지도 모르지."

그러자 장자의 친구인 듯한 그 노인이 다시 장자에게 말했다.

"여보세, 부자들이니 그렇지. 누릴 것은 다 누렸으니 이 세상에 무슨 미련이 있겠나?"

"그건 자네 말이 틀렸네. 이 세상에는 자네 말처럼 재산이나 명예, 큰 공을 쌓으려는 사람들이 아주 많지. 만약 그 사람들이 원하던 바를 다 얻으면 아무 미련도 없을 것 같은가? 그렇지 않다네. 아무리 애쓰고 먹고 싶은 것을 참아 가며 재산을 많이 모으면 뭘 하나? 평생 노력한 만큼 보람 있게 쓰지도 못하고, 재산을 잃을까 봐 근심만 많아질 뿐이지. 얼마나 어리석은 일인가? 그러니 재산이 많다고 해서 모두 미련이 없는 것은 아니라네."

장자는 상을 당한 사람답지 않게 여전히 미소를 머금고 있었다.
"그래도 할아버지, 이 세상에 태어났으면 사내대장부로서 이름도 떨치고 큰 공도 세워 봐야 하지 않겠어요?"
기오가 또렷한 목소리로 힘주어 말했다.
"쯧쯧. 바로 그 때문에 사람은 태어나면서부터 고통을 받는 거란다. 오직 명예와 공을 구하기 위해 한순간도 숨 돌릴 여유도 없이 살고 있으니 말이다."
"아무리 힘들어도 남들이 나를 알아주면 보람이 있을 것 같은데요."
기오가 혼잣소리로 조그맣게 중얼거렸다.
"사람의 욕심은 끝이 없는 거란다. 재산을 모아도, 이름을 크게 떨쳐도 결코 만족을 못 하는 것이 바로 사람 마음인데, 평생을 부질없는 것에 매달려 사는 것이 정말 좋은 건지 모르겠구나. 오히려 그런 욕심을 채우려고 고통 받으며 오래 사는 것이 더 불쌍하다는 생각이 드는구나."
한참 뒤 장자는 다시 입을 열었다.
"우리가 산다는 것은 아주 잠시 이 세상

에 머무를 뿐 곧 저 세상으로 돌아가는 것이지. 쓸데없는 욕심으로 괴로워하면서 평생을 수고해도 얻는 것이 없지 않느냐. 그런데 왜 사람들은 그처럼 보람 없는 일을 하려는지 모르겠구나."

"어쨌든 죽는 건 생각만 해도 무서워요."

기오가 어깨를 움츠리며 말했다.

"죽음이 무섭다고? 왜 죽는 걸 두려워하지?"

"그럼 할아버지는 죽는 것이 두렵지 않으세요? 사람들은 누구나 좀 더 오래 살고 싶어하잖아요."

기오는 도무지 장자를 이해할 수 없다는 듯 뜨악한 눈초리로 쳐다보았다.

"얘들아, 사람이 이 세상에 태어나는 건 태어날 때를 만났기 때문이고, 죽는 건 죽을 운명에 따른 것일 뿐이란다. 사는 것과 죽는 것은 이처럼 자연의 법칙에 따라 이루어지는 것일 뿐인데, 죽음이 왜 두렵고 슬픈 일이니? 아침에 해가 뜨고 저녁에 지는 것과 같이 지극히 자연스러운 일인데 말이다."

"하지만 우리가 죽으면 그걸로 끝이잖아요."

노마는 그 말을 하면서 오싹 소름이 돋았다.

"이 세상 만물은 결코 없어지는 것이 아니고 다만 모양이 변할 뿐이지. 우리의 영혼도 마찬가지란다. 저기 있는 장작이 불에 타서 재가 되어도 불은 다른 장작이 있는 곳으로 옮겨져 계속 타오르듯이 우리의 영혼도 없어지는 것이 아니야. 다음 세상으로 이어지는 것이지. 그런데 사람들은 이것을 깨닫지 못하고 지금 이곳에만 너무 얽매여 있구나."

노마가 고개를 갸웃하며 다시 장자에게 물었다.

"죽은 다음의 세상에 가 보지도 않았는데 어떻게 죽음을 두려워하지 않겠어요?"

"이 할아버지가 옛날이야기를 하나 들려주마. 옛날 어느 곳에 아주 아름다운 처녀가 살고 있었지. 그런데 나이가 차서 이웃 나라 임금에게 시집을 가게 됐는데, 가기 싫어서 몇 날 며칠을 울었대. 그런데 시집가서 호강하면서 살다 보니 울었던 것이 몹시 후회가 되더란다."

"그거랑 무슨 상관이 있죠?"

"사람들이라면 일단 죽는 것을 모두 싫어하지. 그러나 이 처녀가 시집가서 살아 본 후에야 시집가기 전에 울었던 것을 후회했던 것처럼, 우리가 죽은 후에 살려고 애쓰던 일을 후회하지 않을 거라고 어떻게 확신할 수 있겠니?"

장자는 자기 말뜻을 이해하지 못하는 것이 무척 안타까운 모양이었다.

"그럼 할아버지, 사는 것이 그

처럼 즐거운 일이 아니라면 굳이 열심히 살려고 노력하지 않아도 되겠네요?"

기오가 삐딱한 말투로 장자에게 물었다.

"내 말은 그런 뜻이 아니란다. 죽음이 반드시 두려워할 것은 아니라는 얘기지. 죽음이 있으니까 삶도 있는 게야. 그렇기 때문에 삶이 소중한 거란다. 그러니 살아가는 동안은 열심히 살아야 하겠지. 자연의 법칙에 어긋나지 않도록 마음을 넓게 가지고 말이다. 그러면 얼마나 행복한 삶이 되겠니? 이런 삶을 살 수만 있다면 결코 죽음 때문에 괴로워하거나 슬퍼하지는 않을 테니 말이다."

장자는 말을 마치고는 다시 소리 높여 노래를 한 곡조 불렀다.

세상에서 제일 자유로운 사람

"할아버지는 항상 그처럼 즐겁게 사세요?"

한참 동안 물끄러미 장자를 바라보던 노마가 물었다.

"물론이지. 세상 사람들은 큰돈을 벌거나 큰 공을 쌓고 이름을 널리 알리기 위해 힘들게 사느라 즐겁지 않을지 몰라도, 나는 그런 것들을 이미 다 버렸으니 아주 자유롭고 즐겁구나."

그러자 기오가 냉큼 끼어들었다.

"할아버지, 꼭 모든 걸 다 버려야 자유로운가요? 저는 슈퍼맨처럼 하늘을 마음껏 날아다니는 사람이 제일 자유로울 것 같아요. 막히는 것이 없으니까요."

"애야, 옛날에 열자라는 사람이 바로 그 슈퍼맨처럼 바람을 타고 하늘을 날아다녔단다. 하지만 열자도 알고 보면 완전히 자유로운 사람은 못 되지. 열자는 걷는 것만은 피할 수 있었지만, 날기 위해서는 바람이 필요했기 때문이야. 그러니 바람에 의지하는 열자도 결코 자유로운 사람은 아니었단다."

"어휴, 그럼 정말 자유로운 사람은 어떤 사람이에요? 좀 알기 쉽게 가르쳐 주세요."

노마는 장자에게 투정을 부리듯 말했다.

"먼 옛날 막고야 산에 아주 훌륭한 성인이 살고 있었단다. 이 사람은 피부가 눈처럼 흰 데다 부드럽기가 처녀와 같고, 음식을 먹는 것이 아니라 바람을 들이키고 이슬을 마시며, 구름이나 용을 타고 세상의 바깥을 노닐었대. 또 큰비가 내려도 빠져 죽는 일이 없고, 먼지와 때, 쭉정이와 겨를 가지고도 인간을 만들어 내는 재주가 있었다는구나."

"와! 꼭 신선 같아요. 죽었다 깨어난다 해도 사람이 그럴 수는 없지 않나요?"

노마와 기오는 믿기지 않는다는 듯 입을 떡 벌렸다.

"자유롭게 산다는 건 이 사람과 마찬가지로 자연과 하나가 되어 자연 속에서 순응하며 사는 걸 의미하지. 하늘과 땅의 본모습을 따르고 자연의 변화에 순응하면 무엇에 의존할 필요가 없게 되거든. 세상에 태어나고 죽는 것도 모두 자연의 이치란다. 돈이나 이름, 공을 쌓는 것은 모두 부질없는 욕심이니 이런 것들을 다 버리고, 막고야 산에 사는 성인처럼 살면 이보다 더 자유로운 삶이 어디 있겠니?"
장자는 잠시 먼 곳을 바라보며 생각에 잠겼다.
장자의 친구인 노인이 궁금하다는 듯 물었다.
"여보게 장자, 자연 속에 묻혀 근심 없이 사는 건 참 좋은 일이지. 그런데 아무것도 안 하고 산다니 그 무슨 말인가?"
"말 그대로일세. 세상 사람들이 하는 것처럼 억지로 일에 매달리거나 거짓으로 꾸미지 않으며, 자연스럽게 살아간다는 뜻이라네."
"아니, 일부러 하지 않아도 자연스럽게 되는 일이 어디 있는가?"
"사람이 억지로 일을 만들면 일을 망쳐 버리거나 오히려 손해를 보게 되는 경우가 많다네. 차라리 일을 꾸미지 않고 그냥 두는 것만 못한 걸세. 법으로 사람을 묶는 것이 그냥 자연 그대로 사람을 놔두는 것보다 못한 것처럼 말일세."
장자는 여기까지 말하고는 눈을 감더니 한참을 꼼짝도 하지 않았다. 아마 깊은 명상에 빠진 듯했다. 노마와 기오는 슬그머니 자리에서 일어섰다.

구만리 하늘을 나는 붕

장자의 집 마당 한쪽에는 꽃밭이 있었다. 해바라기, 국화, 과꽃 등을 비롯하여 노마가 잘 모르는 아름다운 꽃들이 활짝 피어 있었다.
"할아버지는 꽃을 좋아하시나 봐. 형, 저 해바라기 이쁘지?"
"너무 커서 싫어. 나는 조그만 국화가 더 좋아."

노마가 퉁명스럽게 말했다.
"저 꽃은 어때? 국화보다 훨씬 작은데?"
기오는 국화 밑에 숨어 있는 이름 모를 꽃을 가리켰다.
"저것도 활짝 피면 국화보다 더 클 거야."
"아니야. 더 작아!"
두 아이는 크니 작으니 하며 실랑이를 벌였다.
"얘들아, 그만두렴. 저 국화 밑에 있는 꽃은 크지도 작지도 않은데 왜들 다투니?"
장자가 아이들을 말렸다.
그러자 장자의 친구인 노인이 고개를 갸웃하며 물었다.
"여보게, 어찌 저 꽃에 크기가 없는가? 내가 보기에는 국화보다 작

은 것 같은데."

"쯧쯧. 여보게, 물론 국화는 해바라기보다 작지만 저 꽃보다는 크다고 말할 수 있지. 하지만 그것은 국화를 해바라기에 비교하였기 때문에 그런 걸세. 국화 그 자체로 볼 때는 크다고도 작다고도 말할 수 없지 않은가?"

장자는 다시 꽃밭을 가리키며 말했다.

"세상 사람들은 사물을 볼 때 그 자체만을 보지 않고 늘 다른 것과 비교하지. 어찌 그 비교가 옳다고 할 수 있겠는가?"

기오는 장자의 말을 들을수록 점점 더 어려워지는 것 같았다.

"옛날 북쪽 바다에 곤이라는 물고기가 있었단다. 곤은 크기가 몇천 리나 되는지 알 수 없을 정도로 컸어. 그런데 이 물고기가 변해서 새가 되었는데, 그 이름은 붕이라고 하지. 붕의 등 넓이도 몇천 리나 되는지 알 수가 없었대. 붕이 날개를 펼치고 힘차게 날아오르면 마치 하늘을 가득 덮은 구름과도 같아서 그 크기를 비둘기에 비교하는 것은 어리석은 일이지."

"그래서요?"

노마는 다음 말이 궁금하여 장자를 재촉했다.

"붕은 비둘기에 비교하면 세상에서 제일 큰 것 같지만, 우주 속에서 보면 붕이 큰 날개로 날아다니는 것도 한갓 티끌과 같은 모습이란다."

"와, 재미있다. 옛날이야기 또 없어요?"

기오는 이야기에 담긴 뜻보다는 큰 새가 나온다니까 그저 신기한 모양이었다. 장자는 빙긋이 웃더니 얘기 하나를 더 들려주었다.
"버섯은 밤과 새벽을 모르고, 매미는 봄과 가을을 모를 만큼 그 수명이 짧지. 옛날 어느 나라에 명령이라는 나무가 있었는데, 오백 년 동안은 봄이고, 오백 년 동안은 가을이었단다. 그런데 그보다 더 오랜 옛날, 대춘이라는 나무는 팔천 년 동안은 봄이고, 다시 팔천 년 동안은 가을이었지. 한데 지금 세상 사람들은 기껏 칠백 년을 산 팽조라는 사람이 장수했다 하여 그를 몹시 부러워하고 있단다."
"그럼 칠백 년을 사는 게 부럽지 않단 말인가? 나도 이 나이가 되고 보니 그 팽조라는 사람이 무척 부럽다네."
장자의 친구는 허옇게 세어 버린 긴 수염을 원망스러운 듯 내려다보았다.
"여보게, 사람의 생명이란 게 물론 매미에 비하면 길지만 팔천 년을 산 나무에 비교하면 새 발의 피지. 그러나 그 팔천 년을 산 나무도 우주의 긴 시간에 비하면 한순간에 지나지 않음을 왜 모르는가? 사람들은 저마다 자기의 짧은 지식으로 세상을 비교하고 판단하지만, 그 어느 것도 정말 옳고 정확한 것은 아니라네."
"이를테면 개미가 나보다 작으니까 무시하고 함부로 다루어서는 안 된다는 말씀이죠?"
노마의 말에 장자는 얼굴빛이 환해지며 기쁜 표정을 지었다.
"그렇지! 이제야 내 말을 알아듣는구나. 이 세상에 있는 모든 것들은 인간보다 못한 것이 없단다."
"어, 인간은 만물의 영장이라고 배웠는데……."

노마가 조그맣게 중얼거렸다.

"잘 들어 보렴. 사람은 나무 위에 오르면 겁을 내지만 과연 원숭이도 그럴까? 사람은 고기를 먹고, 순록은 풀을 먹으며, 올빼미는 쥐를 좋아하지. 그럼 이 넷 중에 사람만이 진짜 제대로 된 음식을 먹는 걸까? 또 사람들이 모두 미인이라고 부러워하는 오장이나 여희라는 사람이 있는데, 물고기는 그를 보면 물속 깊이 숨고, 새는 보다 높이 날아오르며, 순록은 힘껏 달아나지. 그렇다면 물고기나 새, 순록은 아름다움을 모르는 걸까?"

"아니오."

"이 모든 것은 인간이 자기 마음대로 비교하고 판단해 버리기 때문에 생기는 잘못이란다. 왜 순록이나 물고기, 원숭이가 인간보다 못하겠니? 인간 또한 넓은 자연 속에서는 물고기나 원숭이와 같이 하나의 티끌에 불과한데 말이다."

노마는 혼란스러운 표정을 지으며 물었나.

"그럼 인간이나, 원숭이, 순록이 모두 같다는 말씀이세요?"

"그래. 이 세상 만물은 알고 보면 모두 같은 곳에서 생겨났단다. 인간이나 원숭이도 거슬러 올라가 보면 모두 같은 곳에서 만들어졌지. 그러니 어찌 너와 내가 다르고, 누가 위에 있고 아래에 있다는 차별을 둘 수 있겠니?"

"그렇다면 작은 풀줄기나 큰 기둥, 평범한 사람이나 서시와 같은 미인이 모두 같다는 말인가?"

장자의 친구인 노인이 끼어들며 물었다.

"그렇다네. 우리의 좁은 눈으로 보면 그것은 하늘과 땅만큼이나 큰 차이가 나는 것 같지만, 이 커다란 자연의 울타리 안에서는 다 같이 하나가 되니 말일세."

그때 기오가 장자에게 엉뚱한 질문을 꺼냈다.

"어, 할아버지. 만물이 다 똑같다고요? 참 이상하다. 새나 사람이나 개미가 모두 똑같다면, 왜 새는 하늘에 살고 사람은 걸어 다니는데 개미는 기어 다닐까요?"

노마는 어이가 없다는 듯 피식 웃었지만 장자는 친절하게 대답했다.

"만물은 같은 곳에서 나오지만 제각기 다른 성질을 가지고 태어난단다. 개미는 땅속에서 살고 사람은 땅 위에서 살 수 있는 성질 말

이다."
"그럼 붕이 구만 리 하늘을 날지만 비둘기는 나뭇가지 사이를 나는 것은, 붕이 비둘기보다 훨씬 뛰어나서가 아니라 붕과 비둘기의 성질이 다르기 때문인가요?"
"그렇지. 제대로 맞혔다."
"하지만 어쨌든 붕이 훨씬 능력이 뛰어나다고 말할 수 있잖아요?"
기오가 노마의 눈치를 살피며 장자에게 물었다.
"붕과 비둘기가 능력이 다르다고 해서 붕이 비둘기보다 높다고 말할 수는 없는 것이란다. 아까 말했듯이 그것도 비교이기 때문이지. 그러니 우리는 그 모든 것을 타고난 그대로 이해해야 한단다. 모두 각자 자기가 할 일이 다르고 능력에 맞게 살도록 되어 있는데, 굳이 어떤 것이 높고 낮은가를 나눌 필요가 있겠니?"

"맞아요. 지렁이같이 보잘것없다고 생각하는 것도 타고난 대로 열심히 살고 있잖아요."

"그래. 사물을 각각 있는 그대로 놓고 볼 줄 아는 게 중요하단다. 저기 연못에 있는 오리의 다리가 짧다고 해서 늘여 주면 오리가 좋아하겠니? 또 학의 다리가 길다고 끊어 버리면 어떻게 되겠니? 이 모두는 자연을 거스르는 부자연스러운 일이란다. 원래 있는 그대로 자연스럽게 볼 수 있는 사람이 바로 지혜로운 사람이지."

"형, 모든 걸 자연 그대로 놓아두고 봐야 된다는 말씀이 무슨 뜻인지 알겠어. 괜히 잘난 체하고 내 멋대로 비교하고 판단하다가는 큰 망신만 당하겠어."

기오는 노마를 보며 히죽 웃었다.

8월 15일 수요일 날씨: 맑음

    오늘은 무척 힘든 하루였다. 동굴 속에서 잠깐 정신을 잃었는데 장자 할아버지를 만났다. 꿈을 꾸고 있는 건지, 아니면 이상한 여행을 하고 있는 건지 잘 모르겠다. 깨어나면 내가 지금 쓰고 있는 이 일기도 없어지는 것이 아닐까?

    모든 게 순전히 그 노랫소리 때문이었다. 글쎄, 부인이 죽었는데 노래를 부르는 사람이 있다니! 그 광경을 본 순간 나는 무척 놀랐다. 그래서 처음엔 그분은 마음이 돌덩이 같은 사람일 거라고 생각했었다. 하지만 장자 할아버지의 말씀을 듣고 보니 죽는다고 꼭 슬퍼할 일은 아니라는 생각이 들었다. 사람이 태어나고 죽는 건 자연의 정해진 법칙에 따른 일인데, 슬퍼하는 것이 오히려 그 법칙에 어긋나는 일일지도 모른다.

    그분은 우리가 이 세상에서 사는 것은 아주 잠깐이고, 죽음을 통해 다음 세상으로 가는 것이라고 하셨다. 따라서 죽음이란 무서운 것도 아니고, 피하려고 애쓸 필요도 없다는 것이다. 그런데 한 가지 궁금한 게 있다. 우리가 죽어서 더 좋은 세상으로 간다면 두려울 것이 없겠지만, 만약에 지옥 같은 무서운 세상이 기다리고 있다면……. 아무도 죽었다가 살아난 사람을 본 적이 없으니 장자 할아버지도 그 세상은 모르실 게다.

    그나저나 원래 세상으로 어떻게 돌아가지?

쓸모없어서 살아남은 나무

아름드리 나무와 목수

"여보게, 장자. 자네는 항상 그럴 듯하게 말을 하지만 남들이 자네 보고 뭐라고 하는 줄 아나?"

"뭐라고 하는데?"

"자네의 말은 아무짝에도 쓸모없는 바가지와 같다고 하더군."

장자의 친구는 담뱃대에 불을 붙이며 이렇게 말했다.

노마와 기오는 이 말을 듣는 순간 놀라서 숨이 멎는 것 같았다. 장자가 틀림없이 노발대발할 거라고 생각했다. 그런데 장자는 오히려 얼굴에 미소를 띠며 말했다.

"그건 사람들이 진짜 쓸모 있는 것이 어떤 것인지를 모르기 때문에 하는 말일세. 어쩔 수 없이 옛날이야기를 하나 더 해야겠군. 옛날 장석이라는 목수가 있었는데, 하루는 사당 앞을 지나가게 됐지. 그런데 그 마당에는 나무가 한 그루 있었어. 나무의 크기는 수천 마리의 소를 가릴 정도이고, 둘레는 무려 백 아름이나 되었지. 또 그 높이는 산을 굽어볼 정도이며, 큰 가지가 수십 개나 있었지. 그래서 그 나무 둘레에는 항상 구경꾼이 구름처럼 모여들었어. 그런데 장석은 그 나무를 거들떠보지도 않고 지나갔지 뭔가."
"왜요? 목수라면 당연히 그 나무를 탐냈을 텐데요."
"그렇지? 그래서 장석의 제자가 그 이유를 물었단다. 이처럼 훌륭한 나무는 본 적이 없는데 왜 그냥 지나가느냐고 말이다. 그러자 장석은 이렇게 말했지. 그 나무는 아주 쓸모없는 것이라고. 그 나무로 배를 만들면 가라앉고, 널을 짜면 곧 썩으리라고. 또 물건을 만들면 곧 망가지고, 문을 만들면 진이 흐르며, 기둥을 만들면 좀이 생길 거라고 말이야."
"어, 정말 못 쓰는 나무였구나."
"그런데 말이다, 그날 밤 장석의 꿈에 그 나무가 나타났지 뭐냐."
"와! 정말 신기하네요. 그래서 그 나무가 뭐라고 했어요?"
기오는 궁금한 나머지 바짝 다가앉으며 물었다.
"그 나무는 이렇게 말했단다. '배나 귤, 감 등이 열리는 나무는 그 열매가 익으면 잡아 뜯기고, 가지가 부러지고 찢겨진다. 이는 그 나무가 쓸모 있기 때문에 괴롭힘을 당하는 것이며, 결국 천명을 다 누리지 못하고 도중에 죽게 된다. 그래서 나는 오랫동안 쓸모없는 나무이기를 바랐고, 그 때문에 죽을 고비를 여러 번 넘겼다. 만약 내가 쓸모 있는 나무였다면 어찌 지금까지 살아남을 수 있었겠는가?'라고 말이야."

장자는 말을 마치고는 친구의 얼굴을 빤히 들여다보았다.

"이제 쓸모 있다는 말과 쓸모없다는 말의 깊은 뜻을 알겠는가?"

노마는 장자가 미소를 지은 이유를 알 것 같았다.

장자의 말씀은 지금까지 노마가 생각해 온 것과는 전혀 달랐지만, 들으면 들을수록 귀중한 말씀이라는 생각이 들었다. 쓸모없다는 것이 꼭 괴로운 일은 아니며, 오히려 다행스러운 일이 될 수도 있다니 말이다. 어쩌면 장자도 젊은 나이에 세상 사람들에게 널리 알려졌더라면 그 나무처럼 크고 튼튼하게 학문을 이루지 못했을지도 모르는 일이었다.

"형, 어서 일어나!"

기오가 흔드는 바람에 노마는 퍼뜩 정신을 차렸다.

주위를 살펴보니 컴컴한 동굴 바닥이었다. 동굴 속으로 들어오다 그만 정신을 잃은 모양이었다.

"노마야!

기오야!"

멀리서 아이들 이름을 부르는 소리가 희미하게 들려왔다.

"형, 삼촌이 우릴 찾고 있어."

노마는 기오의 손을 잡고 동굴 밖으로 나왔다.

삼촌의 얼굴이 저만치 보이자 가슴이 세차게 방망이질 쳤다. 그러나 기쁨도 잠시, 삼촌의 호랑이 같은 얼굴을 본 노마는 그제야 엄청난 잘못을 저질렀다는 걸 깨달았다.

"삼촌…… 죄송해요."

노마는 모기만한 소리로 잘못을 빌었다.

"너희들 때문에 내 속이 얼마나 새까맣게 탔는지 알아?"

삼촌은 호통을 치면서도 내심 조카들이 눈물겹도록 반가운 모양이었다.

"어서 따라와."

삼촌은 노마와 기오를 이끌고 곧장 산을 내려가기 시작했다.

"형, 이제 우린 죽었다."

삼촌의 화난 모습에 기오의 얼굴은 금방이라도 울

음이 터질 것만 같았다.

　산을 내려가는 동안 노마의 머릿속에는 많은 생각들이 오고갔다. 비록 꿈속이었지만 장자를 만난 일이 생생하게 떠올랐다.

　장자가 들려준 이야기들을 하나하나 되새겨 보며 노마는 가슴 가득 뭔가 차오르는 기분이 들었다.

8월 15일 수요일 날씨: 맑음

    나는 훗날 훌륭한 사람이 되기 위하여 열심히 공부하고 있다. 이름도 널리 알리고 돈도 많이 벌기 위해서 말이다. 그리고 공부를 소홀히 할 때면 엄마한테 꾸중과 잔소리를 듣는다.

    장자 할아버지는 명예나 돈 버는 것 따위를 모두 떨쳐 버리라고 하신다. 그래야만 정말 자유로워질 수 있다고. 그 말씀은 정말 옳다고 생각한다. 우리 삼촌도 요즘 무슨 시험 준비 때문에 온통 정신이 없다. 다른 사람들도 마찬가지이다. 모두들 돈이나 출세를 위해 정신없이 바쁘다.

    삼촌도 모처럼 짬을 내어 설악산에 왔지만 시험 걱정 때문에 제대로 쉬지도 못했다. 그런 걸 보면서 나는 장자 할아버지처럼 쓸데없는 욕심을 모두 버리고 넓은 자연 속에서 자유롭게 살고 싶다는 생각이 든다.

    오늘 설익산에 올라가 보니 산이 꽤 높았나. 하시만 에베레스트 산보다는 낮을 것이다. 장자 할아버지는 이런 비교는 모두 정확하지 못하고 쓸데없는 일이라고 하셨다. 하긴 설악산 그 자체를 보면 높지도 낮지도 않을 테니까. 그리고 인간이 마치 이 세상의 주인이라도 되는 것처럼 벌레나 동물들을 함부로 다루는 행동은 깊이 반성할 점이었다. 왜냐하면 이 세상 만물은 모두 같은 원리로 태어났기 때문이다. 내가 지렁이와 같은 원리로 이 세상에 나왔다는 것이 좀 기분이 언짢기는 하지만, 한편으로는 나도 이 우주 속에서는 지렁이와 다를 바 없는 작은 존재라는 생각을 하면 위로가 된다.

　마지막으로, 쓸모 있다는 것에 대해서도 장자 할아버지는 참 색다른 생각을 가지고 계셨다.

　옛날에 살았던 큰 나무는 쓸모가 없었기 때문에 사람들이 거들떠보지도 않아서 결국 크고 튼튼하게 자랄 수 있었다고 한다. 그럼 쓸모없다는 것이 쓸모 있다는 것과 같은 걸까? 장자 할아버지는 쓸모가 없는 것 가운데에도 더 큰 쓸모가 숨어 있음을 발견하신 것이다. 나라면 감히 생각도 못 했을 일인데.

　문득 장자 할아버지는 정말 천재일지도 모른다는 생각이 들었다. 남한테서 할아버지의 생각이 쓸모없는 바가지와 같다는 충격적인 말을 듣고도 웃으실 수 있었던 건, 쓸모없음이 사실은 더 큰 쓸모가 있다는 것을 알고 계시기 때문이었다. 그리고 세상 사람들이 장자 할아버지의 생각을 모두 비웃었기 때문에 오히려 높고 깊은 생각들을 더 많이 하셨는지도 모르겠다.

　아! 오늘은 무척이나 바쁜 날이었다. 이상한 동굴에 들어갔다가 장자 할아버지를 만나 좋은 이야기를 듣고, 그 바람에 삼촌에게 벌을 받고……. 하지만 기분이 무척 좋다. 아마 장자 할아버지가 나에게 요술을 거셨나 보다. 제대로 인사도 드리지 못하고 왔다는 생각을 하니 왠지 섭섭하다.

한번 더 생각해 봅시다

 자기 아내가 세상을 떠났는데 노래를 부르며 즐거워하다니! 장자라는 분은 정말 이상한 사람이라는 생각이 들진 않았나요? 함께 살던 아내가 죽었는데 어떻게 노래를 부르며 즐거워할 수가 있을까요?

 장자는 자연의 순리에 따라 사는 사람만이 참으로 자유롭다고 말합니다. 또 사는 것과 죽는 것에 대해서도, 어느 한쪽에 얽매이지 말고 자연스러운 법칙으로 생각하라고 말합니다.

 우리들이 괴롭고 불행한 일을 당했을 때 이 같은 장자의 지혜는 크나큰 위안이 될 것입니다. 초상집에서 노래를 부르는 장자의 마음을 다시 한 번 생각해 봅시다.

4. 숲 속으로 돌아간 노자

노자는 B.C. 6세기경에 활동한 중국 제자백가 가운데 하나인 도가의 창시자입니다. 숨어 사는 사람이었기 때문에 노자에 대해서는 자세히 알려진 것이 없습니다. 한편 노자라는 이름은 한 개인이 아니라 여러 사람이 모인 성인 집단이 아닌가 하는 추측도 있습니다. 『도덕경』에는 '억지로 만듦이 없이 저절로 교화되게' 하는 그의 철학이 들어 있습니다.

부드러운 물이 바위를 뚫는다

천하 장사를 뽑는 날

오늘은 천하에서 가장 힘센 장사를 뽑는 날이다.

대회장은 힘깨나 쓰는 장사들이 모여들어 이른 아침부터 북새통을 이루었다. 깎아지른 듯한 수백 길 낭떠러지 아래의 광활한 벌판은 거대한 덩치의 장사들과 시합을 구경하러 온 사람들로 빽빽이 들어찼다.

구경 나온 사람들이 장사들을 둘러보며 저마다 한마디씩 했다.

"세상에, 저 칼 좀 봐! 커다란 바위도 산산조각 나겠어."

"저 창은 어떻고? 단단한 절벽도 거침없이 뚫어 버릴 거야."

"저 사람 주먹은 내 머리통보다 더 큰걸. 한 방 맞으면 살아남을 사람이 아무도 없을 거야……."

사람들은 입을 떡 벌리고 감탄을 금치 못했다.

한쪽 구석진 곳의 작은 바위 위에 허름한 누더기를 걸친 노자가 앉아 있었다. 노마는 노자를 발견하고 그쪽으로 다가갔다. 그러고는 시합을 좀 더 잘 보기 위해 노자 옆의 넓적한 바위 위에 올라앉았다.

노자가 천하 장사 대회를 구경하러 온 걸 보고 노마는 좀 의외라고 생각했다. 그때 노자가 노마에게 물었다.

"너도 오늘 시합을 구경 나왔느냐?"

"네. 세상에서 누가 제일 힘이 센지 정말 궁금해요."

노마는 경기가 시작되기만을 조마조마한 마음으로 기다렸다.

이윽고 북소리가 둥둥 울려 퍼졌다.

첫 번째로 자기 키만 한 칼을 든 사람과 사자의 송곳니처럼 날카로운 창을 가진 사나이가 맞붙었다. 두 사람은 일정한 거리를 유지하며 천천히 원을 그리며 돌았다. 서로 노려보는 눈빛에서 불꽃이 튀었다.

"자, 어서 덤벼! 단번에 무쇠를 두 동강 낸 칼이라고."

"흥, 그까짓 칼쯤이야 내 창으로 얼마든지 막을 수 있어."

두 사람은 험악한 표정으로 상대를 노려보며 으름장을 놓았다. 곧이어 창을 든 사나이가 번개처럼 빠른 동작으로 상대의 가슴을 향해 창을 뻗었다. 하지만 칼을 든 사나이는 옆으로 사뿐히 피했다. 구경 온 사람들은 그때마다 비명을 질러 댔다.

손에 땀을 쥐게 하는 시합이 계속되었다. 하지만 승부는 쉽게 결정

날 것 같지가 않았다.

"에이, 언제까지 이렇게 앉아 기다려야 되는 거야?"

"이봐, 빨리 결판을 내! 벌써 날이 저물려고 하잖아!"

자기 차례를 기다리던 참가자들이 짜증스러운 표정으로 소리를 질렀다.

"이러다간 오늘 안에 우승자를 가리기는 어렵겠는걸."

한 장사가 무시무시하게 생긴 곤봉을 휘두르며 일어났다. 그러자 다른 장사들도 각자 무기를 들고 일어나 싸울 태세를 갖추었다.

"아무래도 자기들끼리 싸워서 결판을 내려나 봐요."

노마가 숨죽인 목소리로 노자에게 말했다.

처음엔 한두 명씩 엉겨 붙어 싸우던 경기장은 순식간에 난장판이 되어 버렸다. 경기 규칙도 사라지고, 심판은 겁을 집어먹고 달아나 버렸다. 싸움에 진 사람들이 여기저기서 쓰러지는 모습이 보였다.

세 사람, 두 사람……. 드디어 해

가 서산 너머로 꼴딱 넘어갔을 때, 양손에 커다란 무쇠 방패와 창을 든 사나이만 남게 되었다.

"자, 이 세상에서 제일 힘이 센 사람은 바로 나야. 날 쓰러뜨릴 수 있는 사람은 나와 보라고."

사나이는 창을 높이 치켜들고 승리의 기쁨에 차서 소리를 질렀다. 바로 그때였다. 낭떠러지 아래에 서 있던 사람이 마구 비명을 지르며 외쳤다.

"큰일 났어요! 강둑이 터졌어요. 물살이 파도처럼 밀려와요!"

사람들은 무섭게 밀려드는 물을 보고 소리를 지르며 도망가기 시작했다. 물은 점점 불어났다. 사람들은 서둘러 낭떠러지 위로 몸을 피했다. 오직 한 사람만이 그 자리에서 꼼짝도 하지 않고 있었다.

"흥! 저까짓 흐르는 물이 뭐가 무섭다고 난리야. 난 세상에서 제일 강한 사람이야.

으하하하……."

사나이는 방패와 창을 휘두르며 떠 내려오는 바윗덩어리를 쳐냈다. 하지만 어느 틈에 창은 두 동강이 나고 방패도

물에 휩쓸려 가고 말았다. 큰소리치던 사나이는 겨우 무릎까지 차오른 물살에 중심을 잃고 쓰러졌다. 사나이는 물속에서 안간힘을 쓰며 빠져 나오려고 했지만 순식간에 불어난 강물에 멀리 떠밀려 가고 말았다.

이 모습을 본 노자는 쯧쯧 혀를 찼다.

노마도 발을 동동 구르며 안타까워 어쩔 줄을 몰랐다.

"이를 어쩌지요? 저 장사는 살았을까요?"

노마는 바위 위에 올라서서 장사가 사라진 곳을 살펴보았다.

"이미 멀리 떠내려갔을 거야."

"천하제일의 힘센 장사가 어떻게 무릎 정도밖에 안 차는 물살에 휩쓸려 갈 수가 있어요?"

노자의 목소리는 뜻밖에 냉정하게 들렸다.

"진짜로 강한 힘에 패배한 거지."

"하지만 전국에서 몰려든 힘센 장수들을 모두 물리친 우승자예요. 도대체 저 장사보다 강한 힘을 가진 것이 뭐죠?"

노자는 흔들림 없이 차분하게 말을 이어 갔다.

"겉으로 보기엔 날카로운 칼과 굳센 방패가 가장 강한 것처럼 보일 테지. 하지만 진짜 강한 것은 약한 것이야. 약한 것이 강한 것을 이기고 부드러운 것이 억센 것을 이기는 것이 자연의 이치란다."

노마는 궁금해져서 노자에게 물었다.

"강한 것과 억센 것을 이기는 부드럽고 약한 것이란 도대체 무엇을 말하는 건가요?"

그러자 노자는 손가락을 들어 흐르는 강물을 가리켰다.
"말도 안 돼요. 도대체 형체도 없이 흐르는 물이 진짜 강한 것이라니요?"
노마는 믿을 수 없다는 듯 도리질을 했다.
"저 물을 잘 보렴. 물은 그릇의 모양에 따라 그 모양이 바뀌지. 그래서 물만큼 유연하고 부드러운 것은 없어. 하지만 세월이 지나면 바위도 뚫는 무서운 힘을 지닌 것이 바로 물이야."
"어쨌든 당장은 큰 힘을 발휘하지 못하잖아요."
"당장 큰 힘을 내는 억세고 강한 것들은 그 힘이 얼마나 오래갈 수 있으리라고 생각하니? 날카롭게 날을 세운 칼은 마치 영원히 변치 않을 것 같지만 칼날이 무뎌지는 것은 순간이란다."

노자는 다시 밑도 끝도 없는 이야기를 꺼냈다.
"모든 생물이 살아 있을 때의 모습은 생기가 있고 따뜻하고 부드럽지. 하지만 죽으면 어떻게 변하지?"
노마가 얼른 대답했다.
"차갑고 딱딱해지죠."
"맞아. 죽어 딱딱해진 나무가 쉽게 부러지는 것처럼 굳센 무기를 든 강자라고 자부하는 자들은 거꾸러질 것이요, 부드럽고 유순한 자는 결국 일어나게 될 거야."
"하지만 사람들은 대부분 물처럼 부드러운 것보다 강력한 무기를 더 좋아해요. 그래서 저마다 앞 다투어 새로운 무기를 개발하려고 하잖아요."
"그것은 약한 것이 진짜 강한 것임을 잘 알지 못하기 때문이야. 그리고 세상에서 가장 부드러운 물이 진짜 강자인 이유가 한 가지 또 있지. 바로 다른 무엇보다도 낮은 곳에 있다는 거야."
노마는 고개를 갸웃하면서 노자에게 물었다.
"그게 어째서 진짜 강한 이유가 되나요?"
"생각해 보렴. 만약 물이 골짜기가 아닌 산 위로 흐른다면 어떻게 큰 강과 바다를 이룰 수 있겠니? 사람도 이런 부드러움과 겸손함을 갖출 때 비로소 성인이 되고 진정한 승자가 되는 거야."
"도대체 약한 것이 강한 것을 이기고 승리를 얻는 비결이 뭔지 모르겠어요. 칼도 아니고 창도 아닐 테니까요."
"그것은 바로 다툼이 없는 승리이고, 저항과 미움이 따르지 않는 승리겠지. 왜냐하면 물처럼 부드럽고, 앞에 서기 위해 남을 해롭게 하지도 않으며, 항상 겸손하니까 모두가 존경하며 승리를 인정해 주기 때문이야."

노마는 그제야 약한 것이 강한 것을 이기는 비결은 부드러움과 겸손, 또 다투지 않는 것이라는 사실을 깨달았다.

노자가 마지막으로 한마디를 덧붙였다.

"그래서 훌륭한 용사는 위엄을 부리지 않고 화내지 않아. 적을 잘 이기는 자는 다투지 않는 거야. 또 사람을 잘 다스리는 자는 자기를 낮출 줄 알아. 이것이 바로 진정한 승리지."

노마는 물살에 휩쓸려 간 장사의 모습을 떠올렸다. 이젠 진짜 강한 것이 무엇인지도 조금은 알 것 같았다.

8월 20일 월요일 날씨: 맑음

　오늘 꿈속에서 가 본 천하제일의 힘센 장사를 뽑는 대회에서 나는 진짜 강한 것에 대해 배웠다. 지금껏 나는 겉으로 드러난 힘만이 진짜 강한 것이라고 믿고 있었다. 그래서 인도의 선각자인 간디가 강조한 비폭력, 무저항이 무슨 의미가 있는지 제대로 이해할 수가 없었다. 하지만 이제는 알 것 같다.

　오늘 천하제일의 강자라고 뽐내던 사나이는 무릎까지밖에 차지 않는 물살에 휩쓸려 어디론가 사라져 버렸다. 하지만 간디는 영국의 지배와 폭력에 맞서 손에는 물레와 실을 들었을 뿐, 조그마한 칼조차도 무기로 사용하지 않았다.

　독립을 소망하는 인도 국민에게 영국인들이 총과 칼을 들이대도 간디와 그를 따르는 인도의 국민들은 평화적 시위로 대항했다. 그리고 승리는 인도 국민들에게 돌아갔다. 간디는 보이지 않는 힘으로 총과 칼의 무서운 힘을 이겨 내고야 만 것이다.

　아마도 노자님의 말씀을 실천한 분이 바로 간디와 같은 지도자가 아닌가 싶다. 그런데 왜 사람들은 노자님의 말씀대로 살지 못할까? 아직도 노자님의 말씀이 귓가에 생생하다.

　"부드러워 보이는 물이지만 세월이 흐르면 큰 바위도 뚫는다. 하지만 날카로운 칼은 금세 무디어지기 마련이다. 그러니 진짜 강자는……?"

　그렇다. 진짜 강한 것은 바로 물과 같이 낮게 흐르는 겸손함이다. 당장 눈에 보이는 힘을 최고로 여기는 사람들이 과연 그 이치를 깨달을 수 있을까?

한번 더 생각해 봅시다

진짜 강한 것은 흐르는 물처럼 부드럽고 약한 것이라는 노자의 가르침을 이해할 수 있나요? 지나치게 강하고 굳으면 꺾이기 쉽고, 높은 곳에 서로 서려고 하면 다툼이 생기기 쉽습니다. 물과 같이 부드럽고 겸손하면 자신을 지킬 수 있고 결국에는 승리할 수 있다고 노자는 가르칩니다.

세상에는 눈에 보이는 강한 것도 있지만, 보이지 않는 강함도 있습니다.

'보이는 강함'과 '보이지 않는 강함'에 대하여 서로 이야기해 봅시다.

노자가 사랑하는 세 가지 보물

노자가 좋아하는 사람

노마와 동민이는 약속을 하고 꿈속에서 함께 노자가 머무는 산속의 암자를 찾아갔다.

"이른 아침부터 날 찾아온 손님이 누군고?"

아이들이 부르는 소리를 듣고 허름한 옷차림의 노자가 문을 열고 나왔다.

"노자님, 저예요. 오늘은 제 친구 동민이도 같이 왔어요."

노마의 말에 동민이가 꾸벅 인사를 했다.

"실은 너무너무 궁금한 게 있어서 막 달려왔어요."

노마는 말을 해 놓고는 멋쩍은 듯 히죽 웃었다.

동민이가 먼저 입을 열었다.

"노자님이 하신 말씀 중에 '선한 사람은 선하지 않은 사람의 스승이고, 선하지 않은 사람은 선한 사람의 바탕이다' 라는 얘기가 있던데, 그게 무슨 뜻인가요?"

"선한 사람은 그렇지 못한 사람의 모범이 될 수 있고, 또 선하지 않은 사람을 보면 자신을 반성하고 채찍질할 수 있으니 결국 모두 선해질 수 있도록 해 주는 밑바탕이 된다는 말이란다."

"아하! 그러니까 나쁜 짓을 하는 사람을 보면 저래서는 안 되겠구나 하는 교훈을 얻기 때문에 나쁜 사람은 착한 일을 하도록 만드는 밑바탕이 된다는 뜻이구나!"

알았다는 기쁨에 동민이는 대번 싱글벙글했다.

이번에는 노마가 자기 차례라는 듯 노자에게 물었다.

"그럼 '성인은 언제나 잘 구제한다. 따라서 누구도 버리지 않는다'는 말씀은요? 제 생각엔 아무리 성인이 모든 사람을 구제한다고 하더라도 매번 나쁜 짓만 하는 사람을 구제하기는 힘들지 않을까요? 자기에게 해를 주는 악한 사람을 끝까지 좋아하지는 못할 테니까요."

"자기에게 미치는 이익과 해로움을 꼼꼼히 따져 보고, 누구는 좋아하고 누구는 미워하는 것은 하늘의 도에 어긋나는 거야."

그러자 동민이가 싱긋 웃으며 노자에게 말했다.

"노자님은 싫어하는 사람이 하나도 없으실 것 같아요. 그렇죠?"

"그렇지 않아. 나도 좋아하는 사람이 있고 싫어하는 사람이 있지."

"어떤 사람을 좋아하시는데요?"

"내가 좋아하는 사람은 바로 자신의 처지에 만족할 줄 아는 사람이야. 칼을 너무 날카롭게 갈면 쉽게 이가 빠지지. 또 말에게 너무 많은 짐을 실리면 곧 쓰러지고 마는 것처럼 만족할 줄 모르고 더 큰 욕심과 교만을 부리다 보면 결국 모든 걸 잃게 돼. 그래서 공을 세우고 나면 물러나야 하는 것이 하늘이 정한 질서인 게야."

노마는 문득 책에서 읽었던 '부유하고 높은 지위에 앉아 교만이 더해지면 스스로 화를 불러일으키게 된다'는 말이 어렴풋이 떠올랐다. 이제 그 말을 이해할 수 있을 것 같았다.

"만족할 줄 아는 사람이야말로 마음이 부자란다."

노자는 한마디 덧붙였다.

"하지만 가난한 사람이 자기 처지에 만족한다고 해서 재물이 넉넉해지는 건 아니잖아요."

"내가 말하는 '넉넉하다'는 것은 물질뿐만 아니라 마음으로 넉넉함을 느낀다는 뜻이야. 만족할 줄 모르고 계속 욕심을 부리면 언제까지나 만족하지 못하겠지. 또 그 욕심이 채워지고 나면 또 다른 욕심이 생기니 말이야."

동민이와 노마는 서로 마주 보며 고개를 끄덕였다.

"나는 또 어진 덕을 갖춘 사람을 좋아해. 겸손한 사람이 좋아. 이를테면 대단히 훌륭한 것을 만들어 냈다 하더라도 교만을 부리거나 자기의 공적을 내세우며 잘난 체하지 않는 사람이 바로 어진 덕을 갖춘 사람이지."

"전 노자님 생각에 반대예요. 요즘에는 자기의 능력을 널리 알리는 것이 절대 필요해요. 훌륭한 일을 하고도 뒤로 물러나 겸손하게 있는 것은 바보 같은 짓이라구요."

동민이의 생각에 노마도 맞장구를 치고 나섰다.

"맞아요. 자신의 능력과 재능을 아무도 알아주지 않으니 성공할 수도 없잖아요."

"정말 실력이 있고 재능이 있다면 굳이 알리려 하지 않아도 세상 사람들은 자연히 알게 돼. 또 큰 공을 세웠어도 뒤로 물러날 줄 아는 겸손한 사람이야말로 정말 훌륭한 사람이 아니겠니?"

"하지만 다른 사람들이 날 알아줄 때까지 뒤로 물러나 있다간 큰 손해를 보게 된다고 생각해요."

"그렇지 않아. 물이 위쪽으로만 흐른다면 어떻게 큰 강과 바다를 이룰 수 있겠니? 당장 눈앞의 명예와 이익을 찾는 사람에게는 자기를 낮추는 겸손함이 큰 손해처럼 보이겠지만, 길게 보면 틀린 생각이란다."

떨떠름하게 듣고 있는 아이들의 얼굴을 노자는 흘긋 쳐다보더니 다시 말을 이었다.

"그 다음으로 내가 좋아하는 사람은 바로 자기의 분수를 아는 사람이야."

노마가 아는 척을 하며 이렇게 말했다.

"그리스의 철학자 소크라테스도 '너 자신을 알라'라고 했어요."

"서양의 철학자도 그런 말을 한 걸 보면 사람이 자기 자신을 아는 것은 시대와 장소를 떠나 중요하다는 얘기가 아니겠니?"

"자기가 자신을 아는 게 뭐 그리 중요해요? 그것처럼 쉬운 일도 없는데……. 예를 들면 전 키가 143센티미터이고 머리카락은 검은색, 운동을 좋아하고, 특히 오징어를 잘 먹고……."

노마는 얼른 동민이의 말을 가로막으며 핀잔을 주었다.

"이 바보야! 자신을 안다는 건 생김새나 좋아하는 걸 안다는 게 아니야. 그보다는 자기가 학교나 집, 그 밖의 모든 곳에서 어떤 위치에 있고, 자기의 재능은 무엇이며, 일생 동안 할 일은 무엇인지 등을 아는 거야."

"와! 모처럼 무지 똑똑한 말을 하는구나."

동민이는 존경스럽다는 듯이 노마를 쳐다보았다. 둘을 지켜보던 노자는 빙그레 웃으며 다시 이야기를 시작했다.

"그래, 남을 아는 사람은 똑똑한 사람이지만 자신을 아는 사람은 더욱 현명한 사람이라고 할 수 있지. 그리고 자신을 잘 안다는 것은 또한 자신을 이길 줄도 아는 사람이란 뜻이야. 난 그런 사람이 좋아."

"자신을 이길 줄 아는 사람은 어떤 사람이에요?"

"자신의 헛된 욕망을 이겨 내는 사람이야. 남을 이기는 사람은 겉보기에 힘이 있는 사람이지만, 자신을 이기는 사람은 그보다 마음이 더욱 강한 사람이지. 보이지 않는 자기 안의 욕심이나 나쁜 마음과 싸워 이긴다는 건 정말 어려운 일이거든. 그래서 왕양명은 '산 속의 도적을 잡기는 쉬워도 마음속의 도적을 잡기는 어렵다'는 말을 남겼지."

"그러니까 나쁜 욕심이나 욕망이 바로 마음속의 도적이군요."

"그렇지. 지금까지 내가 말한 것을 정리하면, 내가 좋아하는 사람은 세 가지 보물 즉 '삼보'를 가진 사람이라고 할 수 있단다."

"설마 귀하고 값비싼 보석들을 말하는 건 아니겠죠?"

동민이는 말을 해 놓고도 우스운지 피식 웃었다.

"첫째, 사람을 사랑하는 마음, 둘째, 물건을 절약하는 태도, 셋째는 남보다 앞서지 않으려는 행동이야. 그래서 내가 좋아하는 사람은 이 '삼보'를 지닌 사람이고, 싫어하는 사람은 당연히 그 반대인 사람이지."

노자가 싫어하는 사람

노마는 이어서 노자가 싫어하는 사람에 대해 이야기해 달라고 졸랐다.

"첫째, 나는 남의 칭찬과 비난에 쉽게 마음을 빼앗기는 사람을 좋아하지 않는단다. 조금 칭찬을 하면 이 세상을 전부 얻은 것처럼 자만해서 다음 일을 준비하지 못하고, 또 자기를 욕하는 말을 들으면 미친 듯 흥분하여 결국 아무 일도 못 하는 사람을 말하지."
"그리고 또 어떤 사람을 싫어하시는데요?"
"그 다음에 난 불가능한 것을 억지로 하려는 사람을 싫어해."
"우리는 종종 '불가능은 없다'라며 굳센 마음으로 도전해 보라는 말을 듣곤 하잖아요?"
동민이는 고개를 갸웃하며 따지듯이 물었다.
"동민이 넌 사람이 발끝으로 얼마나 오래 서 있을 수 있다고 생각하니? 또 회오리바람이나 소나기가 몇 날 며칠을 계속되는 것을 보았니?"
"물론 못 봤지요."

"이렇듯 하늘도 무리한 일은 오래 하지 않는데, 하물며 인간이 자기 능력 밖의 일을 억지로 해내려는 것은 교만한 게 아닐까? 그리고 이건 내 편견인 줄 모르지만, 난 지식이 많은 사람, 학자, 문명이나 문화도 싫어해."

"알다가도 모르겠네요. 노자님 같은 분이 학문을 싫어하다뇨?"

"참되게 아는 사람은 결코 말이 많지 않는 법이지. 즉, 학문이 깊은 사람은 말이 없고, 말을 많이 하는 자는 깊이 알지 못하는 거야. 요즘은 지식인이라고 내세우며 떠들어 대는 사람들이 너무 많아. 난 그게 싫다는 말이다."

"그럼 문명과 문화는 왜 싫어하시죠? 문명이 발달할수록 인간의 생활이 얼마나 편해지는데요."

"난 자연스럽지 못하고 번잡한 것, 또 혼잡하고 어수선한 것은 싫어. 그보다는 한없이 넓고 깨끗한 자연으로 돌아가는 것이 좋아."

말을 마친 노자는 숲속을 향해 천천히 걸음을 옮겼다. 마치 노자를 반겨 주듯 나무와 풀잎들이 산들바람에 몸을 흔들었다. 노마는 그 모습을 바라보며 지식을 뽐내며 잘난 척하는 사람들은 감히 다가갈 수도 없는 깨끗하고 평화로운 광경이라고 생각했다.

8월 27일 월요일 날씨: 맑음

    오늘은 노자님을 만나 노자님이 좋아하는 사람에 대해 말씀을 들었다. 노자님이 좋아하는 사람은 '삼보'를 가진 사람이라고 하셨다. '삼보'란 세 가지 보물, 즉 사람을 사랑하는 마음, 절약하는 태도, 그리고 남보다 앞서려 하지 않는 겸손한 태도를 지닌 사람이다.

    난 그중 하나라도 가지고 있을까? 첫 번째 보물인 남을 사랑하는 마음은 어떨까? 난 물론 주위의 친구들에게 어려운 일이 생기면 마음을 다해서 도와주기도 한다. 하지만 내게 조금이라도 해를 입히는 사람이면 미워한 적도 많다.

    저번엔 앞집 형이 낡은 내 자전거를 비웃은 일이 있었다. 난 그 형이 얄미워서 그날 꿈속에서 그 형의 자전거를 마구 부수기도 했다. 이건 아마도 사랑하는 마음이 부족하기 때문일 것이다.

    절약하는 태도는 어떨까? 난 밥을 먹을 때도 걸핏하면 음식을 남기기 일쑤고 게다가 뒷장이 많이 남아 있는데도 기어이 새 공책을 사고야 만다. 역시 이것도 안 되겠지?

    마지막으로, 남보다 앞서려 하지 않는 태도는 어떤가? 난 내가 잘하는 일은 누군가 알아주길 은근히 바란다. 그리고 내가 남보다 뒤진다는 생각이 들 때는 무척 속이 상한다.

    어휴, 눈에 보이는 금이나 다이아몬드 같은 보물은 돈만 있으면 살 수 있다. 하지만 눈에 보이지도 않는 노자님의 세 가지 보물은 어떻게 해야 얻을 수 있을까?

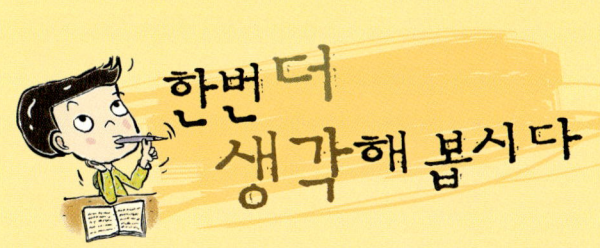
한번 더 생각해 봅시다

　노자는 사람이 세상을 살아가는 데에는 '사랑하는 마음'과 '절약하는 태도', '남보다 앞서지 않으려는 행동'이 필요하다고 말했습니다. 우리들에게 꼭 필요한 가르침이지만 정말로 지키기 힘든 덕목들이지요. 특히 '남보다 앞서지 않으려는 행동'은 과연 오늘날과 같은 경쟁 사회에서 현실적으로 지킬 수 있는 말일까요?

　'남보다 앞서지 않으려는 행동'과 '선의의 경쟁'에 대해서 부모님과 이야기해 봅시다.

5. 털 한 올도 뽑지 않는 양주

중국 전국 시대 초기의 도가 철학자입니다. 위나라 사람인 양주(B.C.440~B.C.360)는 중국 역사에서 철저한 개인주의자이며 쾌락주의자라고 알려져 있습니다. 양주는 '즐겁게 사는 것이 자연스럽게 사는 것이며, 이것은 자기 자신에게 달려 있다'고 가르쳤습니다.

세상에서 가장 소중한 나

비 오는 날의 물청소

밤새 내리던 비가 아침이 되어도 주룩주룩 쏟아졌다. 우산을 썼는데도 운동화에 빗물이 튀는 바람에 노마는 양말까지 푹 젖어 버렸다. 한낮이 되자 빗줄기가 조금 누그러졌지만, 수업이 끝나고 집에 갈 시간이 되자 다시 세차게 퍼붓기 시작했다.

"큰일이네. 집에 어떻게 가지?"

청소 당번이라 교실에 남은 나리가 창밖을 내다보며 말했다.

"그것보다 지금 당장이 문제야. 청소를 하려면 수돗가에 왔다 갔다 해야 하는데, 이 빗속을 어떻게 뛰어다니냐고?"

"정말 그렇구나."

혜라도 걱정스럽다는 듯 한숨을 포옥 내쉬었다.

노마네 교실은 수돗가에서 꽤 멀리 떨어져 있어서 청소를 할 때마다 번거로움이 많았다.

"그래도 청소는 해야 할 텐데 누가 걸레를 빨아 오고 컵을 닦지?"

"오늘 새 바지를 입고 왔는데, 더럽히면 엄마한테 꾸중 들어."

혜라가 자기 바지를 내려다보며 말했다.

"난 감기에 걸려서 비 맞으면 안 돼."

소연이도 한마디 했다.

모두들 빗속에서 청소를 하지 않으려고 이런저런 핑계를 댔다.

"애들아, 나한테 좋은 생각이 있어."

아이들이 서로 눈치만 보며 꽁무니를 빼자 동민이가 큰 소리로 말했다.

"우리 분단 열 명이 수돗가에서 해야 할 일을 하나하나 나눠서 하는 거야."

"좋아! 몇 사람만 물청소를 도맡아서 하기는 힘들 테니까 말이야."

"그럼 난 컵을 씻어 올게."

노마가 맨 먼저 나서며 말했다.

"좋아. 그 다음에는 내가 걸레를 빨아 올게."

나리가 방긋 웃으며 말했다.

"그럼 난 주전자에 물을 떠 올게."

"꽃병의 물을 갈아 주는 건 내가 할게."

모두가 차례로 자기가 할 일을 하나씩 정해 나갔다. 하지만 혜라는 아이들이 그러거나 말거나 입을 꾹 다물고 있었다.

"혜라야, 넌 어항의 물을 갈아 주면 되겠다."

"그래. 마지막으로 남은 일이야."

"싫어. 난 안 해."

혜라는 뾰족한 목소리로 말했다.

"왜 싫어? 모두 하나씩 맡고 너만 남았는데."

나리가 언니처럼 달래듯이 말했다.

"난 빗물에 옷이 젖는 게 싫단 말이야."

"그건 누구나 마찬가지야. 그렇지만 이건 우리가 할 일이니까 참고 하는 거잖아."

"왜 힘들고 싫은 일을 억지로 참아 가면서 해야 하니?"

"그건 우리가 조금만 참고 일을 하면 우리 반 모두에게 좋기 때문이야."

"우리 반 모두에게 좋자고 날 희생할 수는 없어."

"넌 왜 다른 사람들 생각은 하나도 안 하니?"

반 아이들이 한결같이 입을 모아 말하는 데도 혜라는 조금도 물러서지 않았다.

"다른 사람들의 이익이 소중한 것 이상으로 나 자신 또한 중요하기 때문이야. 교실에서 내가 할 일만 하면 되잖아."

혜라는 말을 끝내자마자 비를 들고 교실을 쓸기 시작했다. 노마를 비롯한 다른 친구들은 더 이상 아무 말도 하지 못했다. 혜라가 얄밉기는 했지만 일을 분담한 대로 묵묵히 번갈아 가며 수돗가에 다녀왔다. 자기 차례가 올 때까지는 교실 안을 청소했다. 비질은 다 끝났지만 아직 물청소는 남아 있었다.

교실을 쓸고 난 혜라는 가방을 메더니 온다 간다 말도 없이 교실 문을 나갔다.

"혜라는 정말 못됐어!"

집에 가는 길에 나리가 뾰로통한 목소리로 말했다.

"걘 정말 자기밖에 모르는 애야. 누구는 비를 맞으며 청소하고 싶나 뭐……."

동민이도 젖은 옷소매를 털며 투덜거렸다.

친구들과 헤어진 뒤 노마는 문득 이런 생각을 했다.

'혜라는 정말 자기밖에 모르는 나쁜 애일까? 아니면 남을 위해 자신을 조금도 희생할 수 없다는 혜라의 생각이 당연한 것일까? 사실은 나도 비를 맞기는 싫었는데…….'

노마는 이런저런 생각에 잠겨 그저 앞만 보고 걸었다. 한참 뒤에 무심코 고개를 든 노마는 깜짝 놀랐다.

쾌락에 빠진 양주

"아니, 여기가 어딜까? 비가 언제 그쳤지?"

주위를 둘러보던 노마는 어딘가 낯설지 않다는 느낌이 들었다. 바로 얼마 전에 공자를 비롯해 순자, 묵자 등을 만난 곳이었다.

"풀리지 않는 궁금증이 날 이곳으로 이끌었구나!"

노마는 떨 듯이 기뻐하며 눈앞에 보이는 기와집을 향해 달려갔다.

집 안에서는 한 노인과 젊은이가 마주 앉아 심각한 표정으로 이야기를 나누고 있었다.

두 사람의 분위기가 심상치 않다는 걸 느낀 노마는 잠자코 이야기가 끝나기를 기다렸다.

"전 양주님이 학문의 높은 경지에 오르셨다는 애기를 듣고 일부러 먼 곳에서 뵈러 왔습니다. 관직에 오르려면 어떻게 해야 하는지 도움 말씀을 듣고 싶어서요. 그런데 제가 잘못 찾아온 것 같군요."

"사람을 잘못 찾아온 것이 아니라 자네의 생각이 잘못된 걸세. 한낱 잠깐 동안의 명예를 얻으려고 고민하며 정신과 몸을 괴롭히려 하니 말일세."

젊은이는 굳은 표정으로 자리를 털고 일어나 가 버렸다.

노마는 조심스럽게 양주 앞으로 다가갔다.

"양주님, 저 사람은 무엇 때문에 저렇게 잔뜩 실망한 얼굴로 돌아간 건가요?"

"어떻게 하면 출세를 해서 명예를 얻을 수 있을지 묻더구나. 인간이 명예와 부귀를 좇는 것은 모두 쓸데없는 일이라고 했더니 맘이상한 모양이다."

노마는 조심스레 양주에게 물어보았다.

"그럼 양주님은 이 세상에서 중요한 것이 뭐라고 생각하세요?"

"오직 눈앞에 놓인 즐거움을 얻는 것으로 만족해야지."

노마는 양주의 대답이 의외여서 속으로 놀랐다.

"제 생각에는 눈앞의 즐거움이야말로 아무짝에도 쓸모가 없는 것 같은데요. 그건 순간적인 거잖아요. 그보다는 당장은 괴롭지만 지금보다 높은 곳을 향해 노력하는 것이 더 바람직하지 않을까요?"

양주는 노마를 물끄러미 쳐다보더니 입을 열었다.

"대부분의 사람들은 명예와 이익을 구하느라 희생하지. 그리고 그것이 세상에서 가장 가치 있는 일이라고 생각한단다."

"그게 당연한 일 아닌가요?"

"높은 산에 올라가 아래를 내려다보렴. 산 아래에서는 크고 대단해 보이던 것이 아주 작고 하찮게 보이지? 같은 이치야. 세상을 위에서 내려다보면 보통 사람들이 그렇게 아등바등 사는 모습은 고통으로 보일 뿐이란다."

양주의 생각이 틀리다고 할 수는 없지만, 노마는 선뜻 받아들이기가 어려웠다.

그래서 다시 양주에게 물었다.

"그럼 어떻게 사는 것이 옳은 일인가요?"

"벼슬이나 명예, 재산 따위를 얻으려고 애쓰지 말고 정해진 목숨을 늘려 장수를 꾀하고 눈앞의 즐거움을 얻는 것으로 만족해야지."

'눈앞의 즐거움을 위해 인생을 살라고?'

노마는 속으로 말도 안 된다는 생각을 하며 고개를 흔들었다.

노마의 이런 속마음을 환히 들여다본 듯 양주가 다시 입을 열었다.

"넉넉잡아 사람이 백 년을 산다고 치자. 즐거움이 뭔지 잘 모르는 아주 어릴 때와 아무것도 할 수 없는 늙은 때를 빼면 오십 년도 채 안 되지. 또 밤에는 자고 낮에도 멍하니 있을 때가 있지 않니?

거기다 질병, 고통, 근심이 있으니 이것을 다 빼면 즐거움을 위해 사는 시간은 십 년도 안 될 거야."

"이것저것 다 빼면 오직 십 년만 즐겁게 살 수 있다는 말씀이시군요."

한참을 생각하던 노마가 혼잣말처럼 말했다.

"어쨌든 세상을 사는 동안 근심 없이 산다면 좋겠죠."

"그러니까 명예와 부귀를 얻기 위해 부질없이 애쓰기보다는 훌륭한 집, 아름다운 옷, 맛있는 음식과 아름다운 것들을 즐기며 기쁘게 사는 것이 가장 바람직한 거야."

"하지만 명예를 지키기 위해 목숨까지 버리는 사람도 있는걸요."

"그런 사람이야말로 정말 어리석기 짝이 없지. 명

예란 뜬구름 같은 거란다. 한순간의 명예를 위해 평생 자신을 괴롭혀서야 되겠니?"

그래도 노마는 자기 생각을 또박또박 말했다.

"호랑이는 죽어서 가죽을 남기고 사람은 죽어서 이름을 남긴다는 말이 있어요. 훌륭한 일로 얻는 명예는 길이길이 전해지니 값진 거라고 생각해요."

"그것도 장담할 수는 없어. 오랜 세월이 지나면 결국 잊혀질 수밖에 없거든."

양주의 말에 노마는 잠자코 입을 다물었다. 눈앞의 즐거움만을 찾으며 산다는 건 아무래도 옳지 않다는 생각이 들었다.

"만약 이웃을 위해 무엇인가 한다면 인생이 훨씬 가치 있지 않을까요? 예를 들어 우리나라의 이순신 장군님도 기꺼이 자기 한 몸을 희생해서 나라를 구했고, 인도의 지도자였던 간디도 마찬가지였어요. 그분들은 결코 눈앞의 즐거움만을 좇진 않았다구요."

"너는 자기를 희생해서 다른 이들의 행복과 즐거움을 가져올 수 있다고 여기는 모양이구나. 정말 어리석은 생각이지."

노마는 양주의 말에 깜짝 놀랐다. 마치 뒤통수를 한 대 얻어맞은 기분이었다.

내 몸의 털 한 올도 버릴 수 없네

노마는 가까스로 마음을 가다듬고 다시 양주에게 물었다.

"그 말씀은 혼자 맛있는 음식을 먹으며 좋은 집에서 살면 되지, 다른 사람을 위해서는 조금도 희생할 필요가 없다는 뜻인가요?"

"물론 내 몸은 귀한 것이니 무엇보다 소중하게 아껴야지."

"내 몸이 소중하다면 그만큼 다른 사람들도 소중히 여길 줄 알아야 한다고 생각해요. 그러니까 나를 희생해서 다른 많은 사람들에게 이로움을 줄 수 있다면 기꺼이 그렇게 해야 하고요."

다그치는 노마의 말투에 양주는 부드러운 목소리로 대답했다.

"그럼 넌 네 한 몸을 희생하면 다른 사람의 고통도 덜어 줄 수 있고, 나아가 이 세계도 더 좋아지리라고 믿니?"

"경우에 따라서는 그럴 수 있죠."

"애야, 그건 불가능하단다. 노자님도 이렇게 말씀하셨어. '천하를 다스리는 것보다도 자기 몸을 귀히 여긴다면 천하를 맡길 수 있다'고 말이야. 이 말의 뜻은 자기 몸을 귀하게 여기는 것이 이 세상 무엇보다도 중요하다는 거란다."

"그러니까 양주님의 생각은 노자님과 같군요."

"물론이야. 나아가 사람들이 세상을 위해 자기 몸의 털 하나조차 뽑지 않겠다는 마음으로 섣불리 세상에 이로움을 주고자 하지 않는다면 세상은 정말 평화로워질 거야."

양주는 확신에 찬 얼굴로 노마를 바라보았다.

"제 생각은 달라요. 저마다 세상을 위해 털 하나라도 희생하겠다고 한다면, 그 희생이 합쳐져 참으로 살기 좋은 세상이 될 거예요."

"그건 위험한 생각이야. 나라가 혼란스러울 때마다 너도나도 세상을 위한다고 큰소리치며 나서곤 했지. 하지만 그런 사람들 중에는 세상을 더 살기 어렵게 만든 사람이 많은 것도 사실이란다."

그때 누군가 헛기침을 하며 방 안으로 들어왔다.

그 사람은 양주에게 공손하게 인사를 하더니 입을 열었다.

"저는 금자라고 합니다. 양주님께 여쭈어 보고 싶은 말이 있어서 왔습니다."

양주는 무슨 말이냐는 듯 금자의 얼굴을 똑바로 쳐다보았다.

"양주님의 생각이 그러하시다면, 만일 양주님 몸의 털 하나를 뽑아서 세계를 구하고 이롭게 할 수 있다면 어떻게 하시겠습니까?"

"그런 일은 결코 있을 수 없는 일이니 대답할 필요도 없습니다."

양주는 한마디로 잘라 말했다.

금자의 얼굴에는 대번에 실망스러운 빛이 떠올랐다.

"양주님은 남은 결코 생각하지 않는 분이시군요."

"허허허. 정말 그렇게 생각하는가?"

때마침 양주의 친구인 공손양이 들어서면서 이야기에 끼어들었다.

공손양은 친구를 만나러 왔다가 금자의 말을 듣고 가만히 있을 수가 없었던 모양이었다.

"그럼 제 생각이 틀렸단 말씀이십니까?"

"틀렸고말고. 그대는 양주의 생각을 알려면 한참 멀었네."

금자는 영문을 모르겠다는 듯 공손양을 쳐다보았다.

그러자 공손양은 차분한 목소리로 금자에게 물었다.

"내가 만약 그대의 피부에 상처를 입히는 대신 그대가 만금을 얻을 수 있다면 그렇게 하겠는가?"

"물론 그렇게 하겠습니다."

"그렇다면 그대의 관절 하나를 끊어야 한다면 그렇게 하겠는가?"

금자는 말문이 막힌 듯 아무 대꾸도 하지 못했다.

"물론 털 하나는 피부보다 하찮고, 피부는 관절보다는 하찮은 것일세. 하지만 털 하나가 쌓여 피부가 되고 피부가 있어야 관절이 제 몫을 하게 되는 것이야. 즉, 모두가 우리 몸의 한 부분이니 가볍게 여길 수 없다는 뜻이지."

"하지만 묵자님은 겸애를 외치며, 세상의 이익을 위해서는 비록 머리에서 발뒤꿈치까지 닳아 없어지더라도 그렇게 해야 한다고 말씀하셨어요. 그것은 세상을 위해서라면 자기의 털 하나뿐 아니라 온몸이라도 바치겠다는 뜻이지요."

그러자 양주가 반박을 하고 나섰다.

"먼저 자기를 아끼지 않는 사람이 어떻게 남을 위해 희생할 수 있겠습니까? 자기 몸도 소중히 여기지 못하면서 세상을 위해서 희생할 수 있다고 하는 오만한 생각은 버려야 해요."

양주는 자기가 믿는 바에 털끝만큼의 의심도 없는 듯했다. 결코 남을 위해 자기 몸의 작은 털 하나라도 섣불리 버릴 사람이 아니었다.

9월 6일 목요일 날씨: 종일 비

　하늘에 구멍이라도 난 듯 종일 비가 내렸다. 아무래도 장마가 다시 시작된 모양이다. 덕분에 오늘은 비를 맞으며 청소를 해야 했다. 청소를 하다 보니 속옷까지 흠뻑 다 젖었고, 나리는 새 원피스가 엉망이 되었다고 불평했다. 하지만 내 짝 혜라만 옷이 말짱한 채로 집에 돌아갔다. 혜라 혼자 수돗가에 가서 해야 할 일을 하지 않았기 때문이다. 아직도 혜라의 카랑카랑한 목소리가 들리는 것 같다.

　"다른 친구들을 위해 날 희생할 수는 없어. 다른 사람들의 이익이 소중한 만큼 나 또한 소중하기 때문이야."

　혜라는 정말 어느 누구를 위해서 자신을 조금도 희생할 수 없는 것일까? 오늘 만난 양주님도 혜라와 비슷한 말씀을 하셨다.

　"내 몸의 털 하나를 뽑아서 세상이 크게 이롭게 된다고 해도 그렇게 할 수 없어. 사람들이 각자 그런 생각을 버릴 때 오히려 세상은 정말 평화로워질 거야."

　양주님은 또 '자기의 즐거움만 누리면 그만이지, 다른 사람을 걱정하며 돌볼 필요는 없다'고 하셨다.

　그렇다면 과연 양주님의 말씀이 옳은 것일까? 내가 즐겁게 지낸다면 그것으로 만족할 수 있을까? 난 내가 아무리 행복하게 잘 지내더라도 친구가 어려운 일을 당하면 무척 걱정이 된다. 그리고 조금이라도 힘이 될 수는 없을까 하고 고민한다. 저번에 재현이가 불량배를 만나 봉변을 당했을 때도 난 위험을 무릅쓰고 그 불량배들을 혼내 주고 싶었다. 이런 마음은 너무도 자연스럽게 생기는 것이다.

이 세상은 나 혼자만 사는 것이 아니라 함께 어울려 살아가야 한다. 나 또한 나도 모르는 사이에 다른 사람들로부터 도움을 받으며 살아가고 있지 않은가? 그런데 어떻게 내 즐거움만 찾으며 다른 사람들을 모른 척하고 살 수 있을까?

아마도 양주님은 자기의 즐거움을 찾아 즐기는 것을 최고의 만족으로 생각하시는 것 같다. 그래서 명예나 부귀를 바라며 힘들게 사는 것도 몸과 마음을 괴롭히는 것이라고 하셨다. 나아가 남에게 어떤 이로움을 줄 수 있을까 고민하며 애쓰는 것도 자기의 즐거움에 해가 되니 아무 소용이 없다고 말씀하셨다.

그런데 청소할 때처럼 다같이 힘을 합쳐서 일을 해야 하는 경우는 어떨까? 그런 경우에는 나 혼자만 편하겠다고 쏙 빠질 수는 없지 않을까? 누구나 힘든 일은 하기 싫어하는 것이 당연하다. 그렇다고 해서 다함께 일을 할 때 아무도 힘든 일을 안 하려고 하면 어떻게 될까? 아마 엉망진창이 될 것이다.

물론 자기 자신을 아끼는 것은 중요하다. 하지만 그만큼 남도 소중하지 않을까?

다시 양주님을 만나면 좀 더 깊은 대화를 나누어야겠다.

한번 더 생각해 봅시다

양주는 자기 몸의 털 한 올을 뽑아 세상을 구제할 수 있다 해도 세상을 위해 바치기를 거부한 사람입니다. 모든 사람들이 자기 생명부터 소중히 여겨 몸의 털 하나라도 가벼이 여기지 않을 때, 좋은 세상이 된다고 생각한 것입니다.

그러나 한편으로 생각해 보면, 양주는 자기 자신만을 아는 이기주의자라고 할 수도 있습니다. 자기의 생명만을 중히 여기다 보면 이웃이나 사회를 가볍게 여길 수도 있으니까요.

여러분은 이와 같은 양주의 태도를 어떻게 생각합니까? 자기 자신의 존엄성을 지키면서 남을 존중해 주는 생활, 어렵지만 우리가 끊임없이 노력하여 갖추어야 할 좋은 덕목이 아닐까요?

6. 따지기 좋아하는 명가

중국 춘추 전국 시대의 많은 철학 유파 중에 하나입니다. 이들은 사물의 모습(형태)과 이름에 대해 깊은 관심을 갖고 연구를 했습니다. 명가는 어떤 인물이 아닌 집단으로서 형명가라고 불리기도 하는데, 주요 인물로 혜시와 공손룡이 있습니다.

혜시와 공손룡

말싸움을 잘하는 아이

학교 근처의 문방구 앞에서 아이들 몇이 모여 웅성거리고 있었다.
"무슨 일이지?"
동민이와 함께 집으로 가던 노마는 궁금한 나머지 아이들 어깨 너머로 고개를 들이밀었다.
"어? 철수하고 나리가 다투고 있잖아!"
노마는 자기도 모르게 큰 소리로 말했다.
"아휴, 저런 애하고 싸우다니, 나리 쟤도 참 한심하다."
동민이는 고개를 절레절레 흔들었다. 철수는 노마네 학교에서도 소문난 싸움꾼이었다. 그 애는 주먹질을 잘하는 것이 아니라 말싸움을 아주 잘했다. 그럴 듯한 말로 억지를 부려 사람의 정신을 혼란스럽게 하는 데는 아무도 당해 내지 못했다. 그래서 아이들은 철수가 무슨 말을 걸어도 시큰둥하니 대꾸를 하려 들지 않았다.

"노마야, 나리가 철수의 시비에 말려들었나 봐."

"그러게 말이야. 어서 나리를 데려오자."

동민이와 노마는 아이들 틈을 비집고 들어가 겨우 나리와 철수의 말싸움을 말리고, 나리를 데리고 나왔다.

"노마야, 계란이 먼저니, 닭이 먼저니?"

얼굴이 발갛게 상기된 나리는 다짜고짜 노마에게 물었다.

"그야 알 수 없지. 철수는 뭐라고 했는데?"

"글쎄 닭이 먼저래. 나도 싸우기 싫어서 그냥 닭이 먼저라고 했더니 이번에는 계란이 먼저라는 거야."

나리는 새삼 화가 치미는지 씩씩거렸다.

"네가 참아. 말도 안 되는 밀을 하는 철수를 어떻게 당해?"

노마가 나리를 달랬다.

"세상에는 평범하고 쉬운 문제를 공연히 어렵게 만드는 사람들이 꼭 있더라."

동민이는 철수를 이해할 수 없다는 듯 한마디 했다.

한참 뒤 세 아이는 언제 그런 일이 있었냐는 듯이 도란도란 이야기를 나누며 걸었다.

놀이터 근처에 이르렀을 때였다.

동민이가 갑자기 소리를 질렀다.

"얘들아, 저것 봐. 언제 저런 정자가 생겼니?"

나리와 노마도 눈이 휘둥그레져서 동민이가 가리키는 쪽을 쳐다보았다.

"글쎄, 처음 보는데?"

젊은이 세 사람이 정자에 앉아서 핏대를 올리며 다투고 있었다.

아이들은 호기심을 누르지 못하고 정자로 다가갔다.

"오늘은 싸우는 날인가 봐. 좋은 구경거릴 놓칠 순 없지."

닭의 다리는 세 개

"아니, 지금 닭의 다리가 세 개라고 했나?"

두 명의 친구가 남은 한 친구를 몰아세우고 있었다.

"혜시, 자네 머리가 이상한 거 아냐? 닭의 다리가 두 개지, 왜 세 개인가?"

혜시라고 불리는 사람은 눈 하나 깜짝하지 않고 말했다.

"잘 들어 보게. 닭은 분명히 다리가 두 개지. 하지만 우리 마음속에는 닭에 붙어 있으면서 걸을 때 사용하는 다리라고 '생각'하는 것이 있지. 그러니까 우리 마음속에도 다리가 하나 생기는 셈이야."

"그러니까 실제로 있는 다리 두 개와 마음에 있는 다리를 합쳐 세 개라고 한단 말인가?"
"그렇지. 내 얘기가 바로 그걸세."
그러자 다른 친구가 혜시에게 따져 물었다.
"그럼 이 막대기를 매일 반 토막씩 꺾어 버리더라도 천만 년이 지나도록 막대기가 없어지지 않는다는 건 또 무슨 소리인가?"
"그 또한 간단한 거라네. 생각해 보게. 이 막대기를 반씩 자르다 보면 며칠 지나면 아주 작아져서 눈에 보이지 않게 되겠지?"
"당연하지! 그러니 더 이상 나눌 수 없는 것 아닌가?"
그러자 혜시는 점잖게 나무라듯 친구에게 말했다.
"이 사람아, 그렇게 생각이 짧아서야. 눈에 보이지 않을 만큼 작아진다고 해서 이 막대기가 아주 없어지는 건가? 그렇지 않다네. 반씩 나누어도 크기만 작아질 뿐 결코 없어지지는 않는다네."
두 친구는 기가 차다는 듯 고개를 흔들었다.
"그건 그렇고, 하늘과 땅의 높이가 같다니 그런 엉뚱한 말이 어디 있는가? 자네는

입만 열면 말도 안 되는 소리를 늘어놓는군 그래."

"그러게 말이야. 하늘은 높고 땅이 낮다는 것은 세 살 먹은 어린애도 아는 일이라고."

혜시는 오히려 친구들이 안타깝다는 표정으로 혀를 찼다.

"자네들은 어찌 그리 세상 보는 눈이 좁은가! 땅에서 하늘을 보면 당연히 하늘은 높고 땅은 낮지. 그러나 하늘에서 땅을 본다면 어떨까? 이번에는 하늘은 낮고 땅이 높아 보이지 않겠나? 그러니 결국 하늘과 땅은 높이가 같다는 말일세."

"아무튼 혜시와 함께 있으면 세상을 거꾸로 보는 것 같단 말이야."

"그러게 말일세. 혜시는 항상 그럴 듯한 이야기로 사람들을 혼란스럽게 하는 데는 천재라니까."

친구들이 투덜거리자 혜시는 언짢은 표정을 지었다.

"내가 꼭 거짓말쟁이라도 되는 것처럼 말하는군. 내가 세상을 자네들과 달리 본다고 해서 비난을 받는 건 정말 억울해."

"억지 좀 그만 부려. 여보게, 혜시랑 얘기해 보았자 입만 아프니 그만 가세."

친구들이 토라져서 가 버리자 혜시도 슬그머니 일어나더니 어디론가 사라져 버렸다.

흰 말은 말이 아니란다

"정말 세상에는 별별 사람이 다 있다니까."

동민이가 어이가 없다는 듯 말하며 정자에 걸터앉았다. 노마와 나리도 엉겁결에 동민이를 따라 정자에 앉았다.

그때 나리가 노마에게 말했다.

"노마야, 저기 걸어오는 애 혹시 공손룡 아니니?"

공손룡은 노마네 반 친구다. 옛날 중국 철학자와 이름이 같고, 엉뚱한 말을 많이 해서 '엉뚱 철학자'라는 별명이 붙은 아이였다.

"맞아, 공손룡이야. 아직 집에 안 갔나 봐."

동민이가 공손룡을 큰 소리로 부르자 공손룡이 다가왔다.

"어! 너희들 집에 안 가고 왜 여기 모여 있니?"

"여긴 우리 동네야. 너야말로 이곳에 웬일이냐?"

공손룡은 노마 옆에 앉으며 말했다.

"응, 말 그림 좀 구하려고."

"말 그림? 학교 앞 문방구에 가면 흰 말 그림이 있을 거야. 어제 내가 봤거든."

"흰 말? 흰 말 그림 말고 말 그림 말이야."

그러자 나리가 참견을 하고 나섰다.

"흰 말 그림이면 어때? 흰 말도 말인데."

"아니야. 흰 말은 말이 아니야. 나랑 이름이 같은 공손룡이 그렇게 말했어."

그러자 동민이가 소리를 버럭 질렀다.

"아니, 얘는 또 무슨 소리를 하는 거야? 어쩜 오늘은 하나같이 이상한 사람만 만나네."

노마는 동민이에게 조용히 하라는 눈짓을 보내고는 공손룡에게 물었다.

"공손룡, 왜 흰 말은 말이 아니니?"

"잘 들어 봐. 흰 말에서 희다는 것은 색깔에 이름을 붙인 것이고, 말이라는 것은 모양에다 이름을 붙인 것이잖아."

"그런데, 그게 어쨌다는 거야?"

"아직도 모르겠어? 색깔과 모양이 같은 거니? 당연히 전혀 다르지. 그렇기 때문에 흰 말에는 색깔과 모양 둘 다 들어 있고, 말에는 모양만 있거든. 모양과 색깔 모두 있는 것과 모양만 있는 것이 똑같을 순 없잖아."

원래 귀가 얇은 나리는 공손룡의 말에 금세 고개를 끄덕였다.

"듣고 보니 그럴 듯한데? 하지만 흰 말이 있다면 어찌 되었든 말이 있는 거잖아. 그런데 왜 흰 말은 말이 아닐까?"

"흰 말이 있으면 세상에 말이 없다고는 할 수 없지. 하지만 흰 말이 필요한 경우에 누런 말이나 검은 말을 가져오면 되겠니?"

"물론 안 되지."

"그렇지? 하지만 만약 흰 말을 말이라고 한다면 검은 말이나 누런 말도 모두 말이니까, 흰 말이 필요한 경우 검은 말이나 누런 말을 가져와도 모두 괜찮은 것이 되잖아. 그러니 흰 말을 말이라고 하는 것은 옳지 못해."

노마는 공손룡의 말을 들을수록 더욱 알쏭달쏭했다.

"그럼 색깔 있는 말은 모두 말이라고 할 수 없다면 정말 말은 색깔이 없어야 되겠네?"
노마의 말에 동민이가 대뜸 면박을 주었다.
"야, 세상에 색깔이 없는 말이 어디 있어? 그렇다면 세상에는 말이 없는 거잖아."
노마 대신 공손룡이 대답했다.
"말에는 모두 색깔이 있어. 흰색, 누런색, 검은색 등등. 만일 세상에 색깔이 없는 말이 있다고 한다면, 그것이야말로 그냥 말일 뿐이지 결코 흰 말이나 누런 말은 될 수 없는 거야."
"결국 공손룡 네 얘긴 '흰 말은 말이 아니다' 그거잖아."
그때 노마가 나서며 말했다.
"공손룡 네 생각이 틀렸어. 내가 하는 얘길 잘 들어 봐. 옛날 어느 나라에서 강을 건너려면 반드시 세금을 내야 했대. 그런데 하루는 어떤 사람이 흰 말을 타고 강을 건너게 됐지. 물론 강을 건넜으니 당연히 말에 대한 세금을 내야겠지.

그런데 문제는 그 사람이 공손룡이랑 똑같은 사람이었던지, 흰 말은 말이 아니니 세금을 낼 수 없다고 우겼다지 뭐니."

나리는 궁금한지 노마의 이야기를 재촉했다.

"그래서 어떻게 되었는데? 세금을 안 냈대?"

"아니. 세금 받는 사람은 흰 말도 말이라며 결국 세금을 받아 냈다는 거야."

"그러고 보면 흰 말도 말이라고 할 수 있네."

동민이가 공손룡의 얼굴을 흘끔거리며 말했다.

"그건 그 세금 받는 사람이 말이 정말 뭔지를 구별하지 못하는 어리석은 사람이기 때문이야."

공손룡은 퉁명스럽게 쏘아붙이고는 뒤도 안 돌아보고 가 버렸다.

진리를 찾는 방법

노마는 공손룡의 뒷모습이 자꾸 마음에 걸렸다.

"동민아, 공손룡이 화내는 걸 보니까 좀 미안한 생각이 들어."

"뭐가 미안하니? 누가 '엉뚱 철학자' 아니랄까 봐 괜히 말도 안 되는 소리로 머릿속을 뒤죽박죽으로 만들어 놓았는걸 뭐."

"오늘은 정말 이상한 날이야. 골치가 아파."

노마는 손가락으로 관자놀이를 꾹꾹 눌렀다.

"공손룡 말대로 흰 말은 말이 아닐까?"

나리는 줄곧 그 생각을 하고 있었던 듯 불쑥 말을 꺼냈다.

"왜 말이 아니야? 흰 말이든 누런 말이든 모두 말이지. 단지 흰 말은 다른 말들과 색깔이 다를 뿐이지."

이번에는 노마가 확신에 차서 대답했다.

"맞아. 이제야 분명히 알 것 같아. 아까 혜시라는 사람이나 공손룡의 말은 그럴 듯한데 어딘가 엉터리 같은 면이 있어. 무심코 들으면 정말 속아 넘어가기 쉽겠어."

나리가 철수에게 당한 게 새삼 분한 듯 이마를 찡그렸다.

"그래. 그런 사람들이 많아지면 세상이 얼마나 혼란스러워지겠니. 그런 사람들은 아예 발도 못 붙이게 해야 해."

동민이도 나리의 말을 거들었다.

"꼭 그럴 필요는 없어. 어쨌거나 혜시나 공손룡은 우리와는 다른 특이한 생각을 해냈잖니."

노마가 진지한 표정으로 말했다.

"치, 그런 엉터리 생각이 뭐가 특이하냐?"

"좀 엉터리이긴 하지만 우리가 미처 생각해 보지 못한 것들이었잖아. 너희들은 하늘과 땅이 높이가 같다든지, 닭의 다리가 세 개라든지, 흰 말은 말이 아니라든지, 이런 생각해 본 적 있니?"

"······."

"우리들은 흔히 책에서 보거나 배운 것을 별다른 의심 없이 그것이 진리인 것처럼 그냥 믿어 버리잖아. 하지만 조금만 더 생각해 보면 더 깊은 진리는 다른 곳에 있다는 걸 발견하게 돼."

"하긴 그래. 그동안 나는 나를 중심으로 모든 것을 생각했거든. 그러니 땅이 하늘보다 당연히 낮다고 생각했지. 하지만 혜시의 말처럼 모든 것은 무엇을 중심으로 생각하느냐에 따라 달라진다는 것을 오늘 깨달았어."

나리도 느낀 점을 솔직히 털어놓았다.

"나는 말이야, 모든 물건을 눈에 보이는 것 말고 마음속에 있는 것까지 생각한 점이 참 좋았어. 그렇게 하니까 좀 더 분명히 알 수 있잖아. 말도 색깔이나 모양 같은 것으로 자세히 나누어 보니, 그동안 전혀 생각해 보지 못한 문제들을 찾아내게 됐잖아."

"하지만 노마야, 그건 결국 엉터리였잖아. 그런 엉터리 같은 말을 진리인 것처럼 떠들어 대는 것이 나는 마음에 안 들어."

동민이가 볼멘소리를 했다.

"그건 그래. 자기 생각만 옳다고 우기는 것은 분명 잘못이야. 공손룡은 그 점이 조금 부족하긴 해."

나리도 순순히 인정했다.

"그래. 하지만 엉뚱하긴 해도 여러 면으로 생각해 본다는 것은 진리를 찾는 데 한 걸음 다가서는 좋은 방법이지 않겠니?"

노마가 하늘을 바라보며 중얼거리듯 말했다.

"야, 더 이상 묻지 마. 난 지금 머릿속이 터질 것 같아."

동민이가 머리를 감싸쥐며 엄살을 떨었다.

노마와 나리는 그런 동민이를 바라보며 웃음을 터뜨리고 말았다.

9월 17일 월요일 날씨: 맑음

    오늘은 정말 머리가 복잡한 날이었다. 학교에서 돌아오는 길에 혜시라는 사람이 친구들과 입씨름을 하는 걸 보고 머리가 혼란스러웠는데, 거기다 공손룡의 이야기를 들으니 뭐가 뭔지 종잡을 수가 없었다. 아마 누구라도 그 이야기를 들었다면 나처럼 머리가 복잡해졌을 것이다.

    혜시는 하늘과 땅의 높이가 같다고 했다. 땅에서 보면 하늘이 높고, 하늘에서 보면 땅이 더 높기 때문이다. 그 말을 들으니 이 세상에는 정해져 있는 높이나 깊이, 넓이 등은 없는 것 같다. 산이나 바다도 높고 깊다고 말할 수 없을 테니까.

    그리고 또 닭의 다리가 세 개라는 말도 했다. 우리 눈에 보이는 다리 두 개와 마음속에 있는 다리를 합쳐서 하는 말이었다. 지금 생각해 봐도 이것은 참 독특한 생각인 것 같다. 우리는 눈에 보이는 것을 전부로 알고 있는데 말이다. 그럼 이 일기장도 알고 보면 두 개일까? 나도 두 사람일까? 생각해 볼수록 재미있다.

    그런데 공손룡은 더 기발한 말을 했다. 흰 말은 말이 아니라고? 흰 말은 색깔과 모양의 이름을 모두 가지고 있지만 말은 모양에 이름을 붙인 것이기 때문에 흰 말은 말이 아니라는 것이다. 모양과 색깔에는 구별이 분명히 있으니, 이 말도 얼핏 들으면 그럴 듯하다. 하지만 흰 말은 말의 일종이다. 누런 말이나 검은 말도 마찬가지이다. 흰 말은 말의 일종이라고 불러야 할지는 모르지만 말이 아니라고는 말할 수 없으니까 말이다. 공손룡은 가끔 엉뚱한 생각을 잘 한다. 하지만 나는 그것이 나쁘다고는 생각하지 않는다. 그런 생각은 우리가 의심 없이 믿고 있는 것들을 다시 한 번 생각하게 해 주기 때문이다.

 물론 공손룡의 얘기가 전부 옳은 것은 아니지만, 말이라고 항상 불러 왔던 것이 무엇인지 새롭게 생각해 볼 수 있는 계기가 되었다. 그래서 앞으로는 좀 더 다른 각도에서 사물을 바라보아야 할 필요를 느꼈다. 내일 동민이와 나리에게도 이런 내 생각을 얘기해 봐야겠다. 하지만 깜짝 놀라서 혹시 나를 이상한 사람으로 보면 어쩌지?

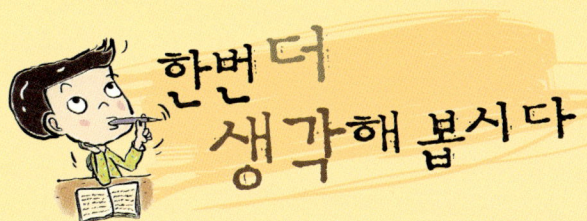
한번 더 생각해 봅시다

  혜시와 공손룡은 흔히 사람들이 당연하다고 생각하는 것을 그렇지 않다고 합니다. 물론 이런 것들을 무턱대고 우기지 않고 그렇게 생각하는 이유를 댑니다. 때로는 결론이 너무 엉뚱해서 듣는 사람을 황당하게 만들기도 하지요.

  혜시나 공손룡처럼 당연하게 여겨 온 사실에 의문을 제기해 보는 태도는, 깊이 생각하지도 않고 상식적으로 받아들이고 있는 것들을 새로운 방향에서 따져 볼 수 있는 좋은 계기를 마련해 줍니다.

어린이 동양철학 1
공자 가라사대

초판 1쇄 2007년 6월 18일
초판 8쇄 2019년 4월 20일
제2판 1쇄 2022년 4월 20일
제2판 3쇄 2024년 8월 31일

지은이 | 어린이철학교육연구소
그린이 | 임정아
펴낸이 | 송영석

펴낸곳 | (株)해냄출판사
등록번호 | 제10-229호
등록일자 | 1988년 5월 11일(설립일자 | 1983년 6월 24일)

04042 서울시 마포구 잔다리로 30 해냄빌딩 5·6층
대표전화 | 326-1600 **팩스** | 326-1624
홈페이지 | www.hainaim.com

ⓒ어린이철학교육연구소·임정아, 2007, 2022

ISBN 979-11-6714-030-2
ISBN 979-11-6714-029-6(세트)

본문에 쓰인 사진 자료와 이미지는 권리자의 허락을 구하여 게재한 것입니다.
파본은 본사나 구입하신 서점에서 교환하여 드립니다.